赵英杰 ◎ 著

小条款
解决大问题

附
相关文件
范本

—— 公司章程的 ——
条款设计与案例分析

中国铁道出版社有限公司
CHINA RAILWAY PUBLISHING HOUSE CO., LTD.

U0650173

内 容 简 介

　　本书包含公司章程概述、相关条款设计、案例分析、小条款解决大问题、章程范本及使用批注，主要介绍了公司章程的定义及特征、效力、与合伙协议的区别和联系、必须包含的内容、股东们可以自由发挥的地方、一些关键条款的设计方法及建议、章程设计不合理引发的纠纷案例、解决公司实际问题的案例，以及公司范本和使用的注解文件。

　　本书可以为企业股东、合伙人、企业的中高级管理人员、有意向创业的人员、工商、审批等部门负责公司登记的人员，以及为企业提供企业管理咨询的顾问、创业辅导师、律师等专业服务工作者提供参考、法律依据，同时也可以作为案头工具书常备。

图书在版编目（CIP）数据

　　小条款解决大问题：公司章程的条款设计与案例分析：
附相关文件范本／赵英杰著 . —北京：中国铁道出版社
有限公司，2021.8
　　ISBN 978-7-113-27964-6

　　Ⅰ. ①小… Ⅱ. ①赵… Ⅲ. ①公司 - 章程 - 研究 - 中国
Ⅳ. ① D922.291.914

　　中国版本图书馆 CIP 数据核字（2021）第 090460 号

书　　　名：小条款解决大问题：公司章程的条款设计与案例分析（附相关文件范本）
　　　　　　 XIAOTIAOKUAN JIEJUE DAWENTI: GONGSI ZHANGCHENG DE TIAOKUAN
　　　　　　 SHEJI YU ANLI FENXI（FU XIANGGUAN WENJIAN FANBEN）
作　　　者：赵英杰

责任编辑：张亚慧　　　编辑部电话：（010）51873035　　　邮箱：lampard@vip.163.com
编辑助理：张　明
封面设计：宿　萌
责任校对：苗　丹
责任印制：赵星辰

出版发行：中国铁道出版社有限公司（100054，北京市西城区右安门西街 8 号）
印　　刷：三河市宏盛印务有限公司
版　　次：2021 年 8 月第 1 版　　2021 年 8 月第 1 次印刷
开　　本：700 mm×1 000 mm 1/16　印张：13.5　字数：205 千
书　　号：ISBN 978-7-113-27964-6
定　　价：69.00 元

前　言

　　我们都知道开办公司必须有份章程，因为公司登记机关要这个文件，但是绝大多数人创业之初，根本不懂得如何制定章程，也不会专门去研究、商讨公司的章程。他们都是委托工商代办机构或者公司员工随意弄一个范本，甚至有的直接从网上复制一份别人的；比较重视的，会去网上找一些上市公司的章程改改；有点儿法律意识的，就向律师朋友简单咨询一下，然后要个模板改改而已。即便是一些律师、企业管理的讲师，虽然也都把公司的章程比喻成公司的"宪法"，但是他们也很少为企业家、创业者提供章程制定的服务；主要原因有两个：一个是很少有人找他们做，另一个是因为很多律师也没有做过这类工作，而且他们本身也不知道如何设计章程。

　　由于创业者对公司章程从心里和行为上的不重视，可能导致现实经营中出现不少问题，即便是现在没有出现问题的企业往往也会存在很多风险。因为这些公司的章程要么是直接引用公司登记部门的标准范本，导致章程内容太过简单，都是照搬、照抄法律规定的基础内容，没有较大的实际意义；要么是认为上市公司的章程制定是由专业人士经过严格程序设计的，便选择参照上市公司章程。其实，这两种方式都不适合初创企业、一般的有限责任公司或者非上市股份公司，不结合公司自身的情况，照抄别人的章程可能会导致制定的章程"水土不服"。

　　我在服务企业的过程中，发现很多客户都是出了事情才意识到章程的重要性，才意识到原来出现问题的根源都在于没有制定好公司的章程。公司章程如果提前设定好了处理问题的方法或解决问题的途径，股东之间就不容易发生纠纷，更不会将当初的合伙人诉讼到人民法院、举报到公安局，导致两败俱伤。章程设计不好，导致后期矛盾不断，并且为了解决这些问题耗费更多的精力和财力；甚至最终让公司陷入僵局，盈利的公司最终走向停业、亏损、破产甚至解散。

　　我在为企业服务过程中遇到的问题多种多样，有的大股东利用其身份，随意损害小股东利益，小股东却得不到任何救济；有的因为股东突然去世，没有遗嘱，发生继承纠纷，让公司陷入无主状态；有的因为股东婚姻情况发生变化，导致公司控制权发生变化，影响公司长期稳定发展；也有的不一定是股东之间闹矛盾。比如：有的公司联系不上股东，有的甚至找不到大股东，导致公司股东会无法召开、股东会决议无人签字，进而无法得到工商或者其他相关部门的认可，最终影响公司的正常经营，尤其是急需贷款时，股东会决议无法正常召开就会导致银行不给发放贷款；还有很多类似的情况，在正文中再和大家进行具体分享。

现在，中小企业的主要形式就是有限责任公司，我们服务的对象多数也是有限责任公司，这本书就是指导企业学习如何制定有限责任公司章程，并如何运用章程解决实际问题的。

赵英杰

2021 年 5 月

| 目 录 |

第一章　有关公司章程的纠纷　/　1

法定代表人无法变更 / 2

股东会的特殊表决事项随意添加 / 3

小股东影响大决策 / 3

大股东失联, 项目成了烂尾 / 5

法定代表人, 来得容易, 走不了 / 6

第二章　公司章程概述　/　7

定义及特征 / 8

法律效力及意义 / 13

与股东协议的区别和联系 / 16

制定与修改的程序 / 20

必须要记载的事项 / 26

任意记载的事项 / 30

制定预防股东代持风险条款的作用 / 35

第三章　小条款解决大问题　/　47

有关公司宗旨条款的设计 / 48

有关党建工作条款的设计 / 50

有关企业名称条款的设计 / 51

有关公司住所条款的设计 / 53

有关公司经营期限条款的设计 / 58

有关公司经营范围条款的设计 / 60

有关注册资本条款的设计 / 62

有关出资方式条款的设计 / 65

有关出资期限条款的设计 / 67

有关出资证明书条款的设计 / 70

有关出资名册条款的设计 / 71

有关股东权利、义务条款的设计 / 72

有关出资瑕疵、抽逃出资的股东权利限制条款的设计 / 73

有关分红条款的设计 / 76

有关股权转让条款的设计 / 80

有关继承人继承股权条款的设计 / 85

有关股东知情权条款的设计 / 90

有关股东质询、建议权条款的设计 / 93

有关异议股东回购请求权条款的设计 / 94

有关离职退股条款的设计 / 96

有关股东会表决权条款的设计 / 98

有关股东诉讼权利条款的设计 / 103

有关控股股东行为特别规范条款的设计 / 106

有关股东会职权条款的设计 / 107

有关股东会召开情形条款的设计 / 110

有关参加股东会的股东人数及持股比例的设计 / 112

有关股东会召集和主持条款的设计 / 113

有关董事会设置条款的设计 / 116

有关董事长设置条款的设计 / 118

有关董事相关条款的设计 / 119

有关执行董事设置条款的设计 / 121

有关监事会条款的设计 / 123

有关经理条款的设计 / 127

有关谁担任法定代表人条款的设计 / 129

有关法定代表人的姓名是否需要记入公司章程条款的设计 / 136

有关新法定代表人的资格取得条款的设计 / 141

有关法定代表人丧失担任资格条款的设计 / 143

有关法定代表人辞职条款的设计 / 145

有关高管条款的设计 / 146

有关修改公司章程条款的设计 / 148

有关对外投资、对外担保条款的设计 / 150

有关财务制度条款的设计 / 153

有关利润分配条款的设计 / 155

有关公章使用及文件效力条款的设计 / 156

有关公司解散与清算条款的设计 / 157

有关通知条款的设计 ／ 159

有关章程生效及附则条款的设计 ／ 161

第四章　章程范本及相关文件范本（备注版）　／　163

适用于（设董事会、监事的）有限责任公司的章程参考文本 ／ 164

适用于（设董事会、监事会的）有限责任公司的章程参考文本 ／ 173

适用于（设执行董事、监事的）有限责任公司的章程参考文本 ／ 181

适用于股份公司的章程参考文本 ／ 189

股东协议 ／ 199

股权代持关系协议 ／ 206

第一章

有关公司章程的纠纷

这一章主要是和大家分享几个有关公司章程纠纷的案例，这些基本上都是我在给企业或者是企业的主管部门服务时处理过或者接受过咨询的案例。

这些案例中的主体，有的向我咨询后，妥善地解决了问题，有的却没能解决。

给大家分享这些案例，是为了提醒那些还没有出现问题和纠纷的公司及时审查一下自己公司的章程，避免以后出现了问题却解决不了，导致出现跟案例中一样的情况。

法定代表人无法变更

一家房地产开发有限责任公司A，股东是李雷和韩梅梅，注册资本是1 000万。李雷认缴出资为500万、持股比例为50%，韩梅梅认缴出资为500万、持股比例为50%；李雷担任公司的执行董事、经理，韩梅梅担任公司的监事；公司的章程约定公司的法定代表人由公司的执行董事担任。

李雷涉嫌挪用资金罪被公安机关逮捕，已经无法履行法定代表人的职责，也丧失了担任法定代表人的资格。韩梅梅便想要变更公司的法定代表人，想由自己担任，但是李雷不同意。韩梅梅找到了公司登记机关想要解决这个问题，但是公司登记机关也没有办法给她变更，因为缺少股东会的决议和公司的申请。韩梅梅找到律师咨询，律师也没能提供有效的解决方案。

因为公司法没有变更法定代表人的特别约定，而他们的公司章程也没有变更法定代表人特别的规定。因此，这家公司想要变更公司的法定代表人，仅仅需要变更公司的执行董事即可。但是变更公司的执行董事应该属于股东的职权，股东会里李雷持股达到了50%，而在双方之间无法形成一致意见时，也就无法形成有效的股东会决议。所以，虽然李雷丧失了担任公司法定代表人的资格，但是因为A公司无法形成有效的股东会决议，产生不了新的执行董事，也就更换不了A公司的法定代表人。

股东会的特殊表决事项随意添加

一家房地产开发有限责任公司A，股东是李雷和韩梅梅，注册资本是1 000万，李雷认缴出资为500万、持股比例为50%，韩梅梅认缴出资为500万、持股比例为50%。李雷担任公司的执行董事、经理，韩梅梅担任公司的监事，公司的章程约定公司的法定代表人由公司的执行董事李雷担任，为了保护李雷的创始股东的地位，专门在公司章程里面进行了特殊约定：变更公司的法定代表人必须经代表三分之二以上表决权的股东通过。

后来，A公司在经营过程中，因为融资需要引入了第三方投资者李明，然后各方的持股比例分别为李雷34%、韩梅梅33%、李明33%。在后来的经营过程中，韩梅梅和李明认为李雷的经营能力有限，还经常以权谋私，公司里面100名员工，97名都是李雷的亲戚。所以，二人准备免去李雷的法定代表人身份。三人召开了股东会，形成了以李雷反对，韩梅梅和李明同意的股东会决议。李明和韩梅梅拿着股东会决议去公司登记部门变更登记，但是被拒绝了，理由是他们的股东会决议不符合公司章程的约定。直到现在，僵持了半年多也没能变更公司的法定代表人。

小股东影响大决策

李雷本身是一个小开发商，有一定的开发经验，但是资金实力有限；韩梅梅是一个从国企离职的高管，有一定的融资渠道。二人准备开发一个项目，便准备成立一家房地产开发有限责任公司，本来股东就应该是李雷和韩梅梅，但是他们在一些外围关系处理方面不擅长或者说资源不够用，正好李明有这方面的资源，这对李雷和韩梅梅而言是一个明显的补充，三人形成了优势互补的状态。于是这家房地产开发公司取名为名为A，股东就是李雷、韩梅梅和李明三人，注册资本是

1 000万，李雷认缴出资为470万、持股比例为47%，韩梅梅认缴出资为470万、持股比例为47%，李明认缴出资为60万、持股比例为6%。李雷担任公司的执行董事，韩梅梅担任公司的经理，李明担任公司的监事，公司的章程约定公司的法定代表人由公司的执行董事李雷担任。虽然李明有一定的外围资源，但是这些资源是否能够兑现还不好说，所以给他的股份相对较少，如果后期贡献大了再进行调整。为了让李明放心，他们专门在公司章程中加入了一条，即股东会会议作出修改公司章程、增加或者减少注册资本的决议，以及公司合并、分立、解散或者变更公司形式的决议，必须经全体股东一致通过。

A公司因为一些手续问题一直未能正式立项，只能暗地里进行预售和施工，还经常被有关部门处罚。李雷和韩梅梅催促李明尽快处理，也没有什么进展，却因此导致公司资金紧张。

其实，房地产行业实际上是一个资金密集型的行业，A公司的1 000万注册资本根本不够用，李雷和韩梅梅便准备向一家私募基金公司进行融资。刚开始，因为他们公司的手续不全，私募基金公司也不愿意给予投资。因为韩梅梅与该私募基金有过长期良好的合作，基于此建立起的信任，最终经过多轮的谈判，私募基金同意给A房地产公司投资，但是因为没有抵押物，也没有其他财产作为保障，私募基金要求先以增资扩股的方式投资10 000万，后期再通过股权回购的方式退出。李雷和韩梅梅同意了，可是李明不同意，认为这样自己的股权更少了。如果要其同意融资，则要保证自己的股权不能稀释，并且同比例增资的钱应该由李雷和韩梅梅出，或者给自己600万，自己走人。

李雷和韩梅梅认为李明的要求是无理取闹，便自行通过了增资引入私募基金投资的股东会决议，认为他们两个人的持股比例达到三分之二，符合《中华人民共和国公司法》中的第四十三条：股东会的议事方式和表决程序，除本法有规定的外，由公司章程规定。股东会会议作出修改公司章程、增加或者减少注册资本的决议，以及公司合并、分立、解散或者变更公司形式的决议，必须经代表三分之二以上表决权的股东通过。

只是，当他们带着股东会决议和公司章程来到私募基金公司签署增资扩股合同的时候，私募基金公司审查到了他们章程中特别约定的那一条，认为因为股东之间存在特殊的约定，增资扩股必须征得李明的同意才行，否则不能给予A公司投资款。李雷和韩梅梅认为私募基金公司的理解存在错误，便带着私募基金的工作人员一起到了公司登记机关来咨询，公司登记机关给出的答复基本上和私募基金公司的理解是一致的。就是因为最初他们对李明的这种特殊保护，导致必须全体股东一致同意，才能作出修改公司章程、增加或者减少注册资本的决议，以及公司合并、分立、解散或者变更公司形式的决议。

因为无法协调李明的意见，最终导致这次融资流产，项目一直停滞。

大股东失联，项目成了烂尾

案例是这样的，一个城中村准备对一个工厂进行改造，寻找到一对夫妻来提供资金，帮助开发，这对夫妻男的叫李雷，女的叫韩梅梅。村里决定以这个工厂所在的土地出资和李雷、韩梅梅共同成立房地产开发公司。这个房地产开发公司注册资本为10 000万，李雷和韩梅梅投资6 000万现金、持股比例为60%；村办工厂以土地出资，作价4 000万、持股比例为40%。李雷担任公司的执行董事，韩梅梅担任公司的经理，李明担任公司的监事，公司的章程约定公司的法定代表人由公司的执行董事李雷担任。

前两年，因为土地性质问题及房地产市场不景气等原因，导致他们的项目一直没有进行正式的开发建设，当这两年当地的房地产市场有所回暖时，村主任兼任村办工厂的厂长李明准备开发这个项目；而李雷和韩梅梅因为其他项目欠了债，缺少资金偿还而跑路了，现在找不到人。

现在，李明控制的40%的股份根本不管用，自己仅仅是公司的监事，对一些简单的经营事项也做不了主，根本无法推进这个项目；想要找到李雷和韩梅梅又找不到，想要换掉李雷和韩梅梅又不可能。于是，公司账目上虽然有6 000万，且占有黄金地段，却无法开发这个项目，李明这个村委会主任也面临着换届的问题；如果处理不好这个烂尾项目，他可能无法连任。

法定代表人，来得容易，走不了

李雷本身是一个小开发商，曾经开发过几个房地产项目，手里有一定的资金和资源，这次又看好了一个项目；但考虑到之前的几个项目经营过程中涉及的诉讼和纠纷比较多，他准备成立一家新的房地产开发公司。考虑到自己不方便担任公司的法定代表人，于是便找了跟着自己干了多年的韩梅梅，让韩梅梅担任公司的法定代表人。这家房地产公司注册资金为10 000万，李雷让其弟李明代持9 000万的出资，持股90%，韩梅梅为李雷代持1 000万的出资，持股10%。他和韩梅梅也口头约定：如果干好了，这10%的股权就送给韩梅梅。于是，李明担任公司的执行董事，韩梅梅担任公司的经理和法定代表人。

在经营过程中，由于韩梅梅不能实际掌控公司的经营权，实际由李雷指挥和操控，这个新的房地产公司为李雷的其他债务提供了各种担保、保证，导致被起诉了多次。韩梅梅因此需要不断地应付各种诉讼和找上门的讨债人。韩梅梅便想辞去公司的法定代表人职位，放弃那10%的股权。

她找李雷协商，李雷不同意，李明也不在股东会决议上签字；韩梅梅找到公司登记机关，登记机关也没有办法。最终，韩梅梅被列入失信人员名单中，新婚蜜月都不能出行，追悔莫及，后来她咨询了很多专家，也不能很好地帮她解决这个问题。

因为法定代表人的变更首先属于公司内部事务，属于公司自主经营的范畴，变更事项需要由公司作为申请人来申请。如果仅仅是原法定代表人辞职，没有公司的申请，暂时而言公司登记机关还是不会给做变更登记的。这个事情，法律没有规定得那么细致，而公司的章程完全可以自行规定，这在我们制定章程的时候，就有必要多加考虑了。

第二章

公司章程概述

定义及特征

制定章程之前，我们必须要知道什么是章程，章程有什么特征，章程能起到什么作用。现在我们就先了解一下有关公司章程的定义及公司章程的特征。

在法律上没有专门的有关公司章程定义的条款，但是从法律条文的字里行间及理论界的相关探讨中，我们可以总结出公司章程的定义及特征。

公司章程是指在公司设立时，必须依法制定的、规定公司名称、住所、经营范围等重大事项的基本文件，必须记载以下内容：

（1）公司名称和住所；

（2）公司经营范围；

（3）公司注册资本；

（4）股东的姓名或者名称；

（5）股东的出资方式；

（6）出资额和出资时间；

（7）公司的机构及其产生办法、职权、议事规则；

（8）公司的法定代表人；

（9）股东会会议认为需要规定的其他事项。

公司章程是对公司、股东、董事、监事、高级管理人员具有约束力的文件。

通过公司章程需要记载的内容及能够约束的人员，可以看出，这些都是关系到公司设立、经营及解散等事务的最重要的事项；约束的也是公司最主要的人物，这也说明了公司章程的重要性。

我们再来看看制定的主体，重要文件的制定主体是谁，也就说明谁掌握了主动权。有限责任公司的第一份章程是由全体股东共同协商制定，一人有限责任公司章程由股东制定；股份有限公司的章程由发起人制定，采用募集方式设立的股份公司需要经创立大会通过；国有独资公司章程由国有资产监督管理机构制定，或者由董事会制定报国有资产监督管理机构批准。

公司章程制定的主体基本上都是设立公司的主体或者说对设立公司具有决定性作用的主体。我们从公司章程制定的主体、规定的内容及约束的对象，可以看出公司章程在公司的全部文件中的重要性，也就能理解实务中，为什么人们都将公司章程说成是公司的"宪法"了。

我们从《中华人民共和国民法典》中的条款，可以总结出公司章程具有法定性、自治性、基础性、公开、公信性及约束性的基本特征。现在，我们分别了解一下这几个特征。

公司章程具有法定性

公司章程是基于《中华人民共和国民法典》的规定，在公司成立时必须具备的文件，《中华人民共和国民法总则》第七十九条规定：【营利法人的法人章程】设立营利法人应当依法制定法人章程；

《中华人民共和国公司法》第十一条规定：【公司章程】设立公司必须依法制定公司章程。公司章程对公司、股东、董事、监事、高级管理人员具有约束力。

市场监管总局在《企业登记提交材料规范》中规定了内资企业登记时需提交的材料和相关规范，例如公司章程（有限责任公司由全体股东签署，股份有限公司由全体发起人签署）。

公司首先是个营利法人单位，《民法典》总则对营利法人的章程进行了规定；其次，公司法对公司章程的事项也做了明确的规定；再次，根据公司申请设立时，提交材料规范的要求，申请设立公司的时候，必须提交公司的章程。

所以，公司章程是公司设立时必须依法具备的，公司章程具有法定性。公司的法定性不仅仅是说公司章程是必须依法设立的，还强调公司章程的法律地位、主要内容及修改程序、效力都由法律强制规定，任何公司都不得违反。关于修改公司章程的决议、决定（变更登记事项涉及公司章程修改的），有限责任公司需由代表三分之二以上表决权的股东同意才能修改；股份有限公司则必须经出席会议的股东所持表决权的三分之二以上通过；一人有限责任公司需要有股东签署的书面决定；国有独资公司则需要经过国务院、地方人民政府或者其授权的本级人民政府国有资产监督管理机构的批准。

公司章程具有自治性

《中华人民共和国公司法》中对公司章程有如下规定。

第二十三条 【有限责任公司的设立条件】设立有限责任公司，应当具备下列条件：

（三）股东共同制定公司章程。

第六十条 【一人公司的章程】一人有限责任公司章程由股东制定。

第六十五条 【国有独资公司的章程】国有独资公司章程由国有资产监督管理机构制定，或者由董事会制定报国有资产监督管理机构批准。

第七十六条 【股份有限公司的设立条件】设立股份有限公司，应当具备下列条件：

（四）发起人制定公司章程，采用募集方式设立的经创立大会通过。

从上面可以看出，公司章程作为一种行为规范，不是由国家制定而是由公司依法自行制定的，也就是说公司章程主要是股东或者开办公司者制定的，其有法定必须记载的内容。但是具体如何记载及条款如何设计，则是由股东们、开办者们在法律的范围内自由协商确定的。不仅如此，还有很多内容是股东或者开办者们可以自由协商，写进公司章程的，法律给了股东、开办者们充分的自主权利，只要不违法即可。公司章程成为一种法律以外的最有效力的行为规范，其主要是约束公司、股东、董事、监事、高级管理人员，而不具有普遍的约束力，对第三人基本上没有效力。

所以，公司章程是公司自治的"宪法"，其具有自治性。

公司章程具有基础性

《中华人民共和国公司法》第二十五条　【公司章程内容】有限责任公司章程应当载明下列事项：

（一）公司名称和住所；

（二）公司经营范围；

（三）公司注册资本；

（四）股东的姓名或者名称；

（五）股东的出资方式、出资额和出资时间；

（六）公司的机构及其产生办法、职权、议事规则；

（七）公司法定代表人；

（八）股东会会议认为需要规定的其他事项。

股东应当在公司章程上签名、盖章。

可以看出，法律要求必须在公司章程中规定或者记载的事项，基本上都是基础性的内容。这些内容通俗理解就是这家公司叫什么名称、公司是干什么的、公司有多少钱、实力如何及这些钱都是谁出的、各出多少钱；除此之外，还需要记载公司的股东，及其经营运作的权力机构、管理机构、监督机构的构成等内容。当然，公司章程记载的内容必须是客观存在的事实。

公司章程具有公示、公信性

公司章程的公示、公信性主要就是指公司章程记载的内容，具有公示、公信力。公司章程是需要在公司登记部门进行备案的，允许相关人员进行查阅，尤其对股份有限公司而言，公司章程的内容不仅要对投资人公开，还要对包括债权人在内的一般社会公众公开，这种对公司章程公开的行为可以让第三人了解公司。即便是公开的内容与实际的内容有些出入，为了维护社会信用体系，这些公开的内容也是对公司和公司的董事、监事、高管、股东也具有约束力，第三人可以基于善意相信公司章程记载的内容。

尤其是在涉及股权代持关系，实际出资人与名义出资人不一致时，公司章程是需要记载股东的名称及姓名的。对于善意第三人购买或者抵押、查封、拍卖名义出资人名下的股权时，一般法院基于公司章程的公示公信性，认定处理行为有效。公司章程不仅仅可用于解决实际投资人与名义出资人不一致的问题，也可作为尽职调查的重要参考，现在进行银行贷款、大额交易、融资、并购等活动的时候，一般都会进行尽职调查。尽职调查时，查询的主要文件就是公司章程，通过公司章程了解这家公司的经济实力、治理结构等基础内容。

所以，公司章程的公示、公信力很重要，尤其是对外公开时，将导致第三方对公司章程记载内容的信任。

公司章程具有约束力

《中华人民共和国公司法》有如下规定。

第十一条【公司章程】设立公司必须依法制定公司章程。公司章程对公司、股东、董事、监事、高级管理人员具有约束力。

第二十五条【公司章程内容】有限责任公司章程应当载明下列事项：（五）股东的出资方式、出资额和出资时间；（六）公司的机构及其产生办法、职权、议事规则；（八）股东会会议认为需要规定的其他事项。

公司章程作为公司法及其他法律、法规的重要补充内容，与法律、法规共同肩负调整公司活动的责任。作为公司组织与行为的基本准则，公司章程对公司的成立及运营具有十分重要的意义。它既是公司成立的基础，也是公司赖以生存的灵魂。

所以公司章程对于公司及公司的股东、董事、监事、高级管理人员具有约束力，其约束力主要表现在：股东的出资义务、金额、期限，股东会、董事会、监事会会议的召开程序及表决方式，股东、董事、监事、高级管理人员的权限及忠实勤勉的义务等内容，公司如何经营，董事、监事、高级管理人员如何履行职责等。

通过对公司章程的概念及特征的分析，大家了解了公司章程的重要性，其肩负调整公司活动的重要责任。实际上，公司章程也关系到了公司的控制权问题。这就要求公司的股东、发起人及开办者在制定公司章程时，必须考虑周全，想好内部机构的设计、权利的划分、出资的多少与期限等问题，且在章程的表述上应当明确详细，不能做出容易引起歧义的规定。

法律效力及意义

前文我们一起了解了公司章程的定义和特征，这里，我们再基于这些归纳出来的定义及特征，和大家分享有关公司章程的法律效力及制定公司章程的重要意义方面的内容。

首先，从公司章程对公司内部的效力方面来分析。

公司章程是依据法律，由股东或者其他开办公司的人员制定的。公司属于商法里面的主体，然而相对于一般的民事法律及刑事、行政法律，商法更为尊重自由原则和意思自治原则。所以，公司章程就是由参与商事行为的主体自行对法律的重要补充，就公司内部而言，它对于公司、股东、董事、监事、高级管理人员都是具有约束力。公司章程就是公司的"宪法"，也就会要求受它约束的全部主体都要遵守它的有关规定。公司内部自主制定的文件如果与公司章程发生冲突，也要以公司章程为准，因为在公司内部的文件中，公司章程的效力是最高的；公司的其他文件的制定，也要以公司章程为基础，不得违反公司章程里面规定的内容。

对于公司股东而言，出多少资、什么时候出资、是否参与公司的经营管理、如何参与公司的经营管理、如何参与分红、剩余财产如何分配、如何行使股东权利、如何履行义务及公司对股东权利的保障等方面，都要遵守公司章程里面的相关规定。

公司的董事、监事、高级管理人员都是公司的内部人员，他们直接受雇于公司，他们理所当然地需要受到公司的"宪法"即公司章程的约束。他们的产生需要遵从公司章程的规定；他们的权利行使及义务承担也需要依照公司章程的规定进行。

如果公司、股东、董事、监事、高级管理人员之间发生了纠纷，因为相关的法律、法规的内容相对比较简单，缺少更为详细的规定，因此，具体的细节都需要由公司章程的内容进行补充调整。比如，法定代表人已经不具有资格了，但是大股东不同意更换法定代表人时怎么处理？当大股东失联时，股东会如何形成有效的决议？对于这些，法律、法规都没有明确指明如何处理，我们只能按照法律的指引，参照公司的章程处理。当公司、股东、董事、监事、高级管理人员之间发生了类似于上述的纠纷时，公司章程的重要性就更为明显了。所以，在制定公司章程时，就需要尽量考虑周全，以免出现问题而导致公司运营陷入僵局，此时再想修改公司章程已经为时过晚了。

对于章程的具体内容，我认为需要从以下几个方面进行重点设计：

（1）在股东的权利行使、义务的承担，以及公司对股东权利行使的保障；

（2）法定代表人、董事、监事、高级管理人员的任职条件、产生办法及职权划分，也需要公司章程进行细致的规定；

（3）公司股东会、董事会、监事会的议事规则；

（4）公司的重大投资、担保、竞业禁止、关联交易等事项，也需要公司章程来明确；

（5）其他需要公司章程规定的关键的、重大的事项。

公司章程的内容涉及公司具体经营的各个方面，也就涉及企业家对公司的控制权问题，所以公司章程对于企业家实现公司控制权的意义非常重大。

因为公司的法定代表人具有法定的代表公司的职能，担任公司的法定代表人，也就成了实现公司控制权的重要手段。公司章程可以明确规定公司的法定代表人由谁担任，具体姓名要写入公司章程，并且可以把变更法定代表人规定为重大事项，需要经过三分之二以上表决权的股东同意才具有法定效力。这样一来，就将公司的法定代表人的地位提升了。公司章程起到了保护法定代表人的作用，这对于开始担任法定代表人的一方实现对公司的控制而言非常的重要。当然，是否需要将法定代表人上升到特殊地位，也是需要根据公司的具体情况和具体需要。

股东的权利是按照实缴出资比例行使，还是按照认缴出资比例行使？股东的分红是按照出资比例参与分红，还是按照其他的特殊约定进行分红？如果约定按照出资比例行使分红权利，是按照实缴出资比例，还是按照认缴出资比例进行？这些都是需要公司章程进行明确的规定，这些方面也都关系到了股东的切身利益以及对公司的控制权。

对公司内部而言，除了上面提到的分红、公司控制权问题以外，其他主要、重大的事项也需要依据公司章程的内容进行调整，以上都突显了公司章程的重要地位。

其次，再看看公司章程的对外效力。

公司章程具有公开、公信性。当公司章程在公司登记部门进行登记备案时，就已经具有了公开、公信性。公开、公信性让公司章程具有了公信力，这种公信力不仅仅约束公司及股东、董事、监事、高级管理人员，对于公司以外的第三人也具有一定的约束力，反之，公司章程也会被公司以外的第三人拿来约束公司及股东、董事、监事、高级管理人员。

在公司对外签署合同的时候，公司章程的特别规定而可能会影响公司对外签署合同的效力。如果第三人明知公司章程的内容对于某些具体事项有明确的规定，比如，对公司经理、董事长、董事会、股东会等具体人员及机构对外签署合同的代表权、审批权进行了区分，而公司在签署合同时没有提交对应的决定文件（股东会决议、董事会决议或者其他文件）。在司法实务中，有的法官会认为因此签署的合同越权，属于无权处分，而第三人又明显知情，这份合同属于无效合同。

在公司章程里记载的股东姓名及出资金额、期限，对于公司以外的第三人而言，具有较高的可信度。如果公司章程登记的名义股东不是实际的出资人，也就是说实际出资人（隐名股东）与名义股东（显名股东）之间存在股权代持关系，这个代持关系严格意义上来讲，仅是实际出资人与名义股东两者的内部关系，是一种合同关系。因为合同具有相对性，一般情况下对于公司以外的第三人而言，其信任的还是登记在公司章程上的股东，第三人还是可以基于这种章程的记载和登记行为，要求章程上记载的名义股东承担股东的出资责任。如果出现实际股东未按照约定出资、公司资产不足以清偿到期债务及抽逃出资、瑕疵出资等问题，善意第三人可以追究登记在公司章程上的名义股东的责任，让名义股东来履行出资义务。

除了上述文章中提到的对内、对外效力，公司章程还有其他的效力体现，这里不再细说。

与股东协议的区别和联系

前面和大家分享了有关公司章程的定义、特征及重要意义等内容，大家基本上清楚了公司章程是什么、有什么用，但是在企业实践中，我们还经常见到一类文件，即股东协议或股东合作协议，这又是什么呢？

很多人都搞不明白公司章程和股东协议之间的区别和联系，有的人认为股东的权利和义务主要由股东协议来约束的，有了股东协议公司章程的内容就可以按照样本随便填写；有的则认为有了公司章程，合伙协议有没有都无所谓，因为，作为公司的"宪法"的公司章程已经对股东进行了约束，大家按照公司章程的内容履行就行了。

我认为这两个文件都是有必要存在的，其实这个两个文件之间是既有区别，也有联系的，它们之间是可以互相补充的。

股东协议就是股东之间签署的合同。所以，想要了解股东协议，我们首先需要了解合同。根据《中华人民共和国民法典》对合同的定义，合同是指平等主体的自然人、法人、其他组织之间设立、变更、终止民事权利义务关系的协议。从《中华人民共和国民法典》中，我们可以看出有关合同的基本原则有以下几点：

第一，平等原则，要求合同当事人的法律地位平等，一方不得将自己的意志强加给另一方；

第二，自由原则，要求当事人依法享有自愿订立合同的权利，任何单位和个人不得非法干预；

第三，公平原则，要求当事人应当遵循公平原则确定各方的权利和义务；

第四，诚实信用原则，要求当事人行使权利、履行义务应当遵循诚实信用原则；

第五，遵纪守法原则，要求当事人订立、履行合同，应当遵守法律、行政法规，尊重社会公德，不得扰乱社会经济秩序，损害社会公共利益；

第六，依合同履行义务原则，依法成立的合同，对当事人具有法律约束力。当事人应当按照约定履行自己的义务，不得擅自变更或者解除合同。依法成立的合同，受法律保护。

在《民法典》里，没有专门的有关股东协议的规定，仅仅说明股东协议不属于合同，但是股东之间有关公司设立、出资、分红、权利划分、人员安排、权利行使、亏损承担等内容的协议，是不是可以遵循《民法典》的基本原则来进行协商确定的呢？其实是可以的。

从以上内容可以推导出有关股东协议的定义及其主要包含的内容和应遵循的原则。股东协议，顾名思义就是指股东之间基于平等地位，在平等、自愿的基础上，经过公平的沟通最终达成的关于设立、变更、终止民事权利义务关系的协议。股东协议的主要内容除了包括股东如何设立公司、如果设立公司不成功如何处理、设立公司的主营范围、公司经营期限；设立公司各股东出多少资金、如何出资及出资期限、各个股东的权利义务如何分配、股东如何分红、公司何时终止；及如何解散、剩余财产如何分配、各自股东的作用和贡献、人员安排等相关内容，还包括股权的回购、后期增资、融资及相关的对赌条款等内容。股东们可以在依法协商的前提下，要求各方股东按照诚实信用的原则，履行股东协议的内容中约定的义务、行使约定的权利。如果某方股东存在违约的情况，其他方可以按照合同的约定，要求违约方承担违约责任。

从以上的分析中，我们总结出有关公司章程与股东协议的区别和联系，我们先看一下两者之间的区别。

第一，公司章程与股东协议之间的法定性不一样。

公司章程是依法必须制定的，也必须记载法律要求其记载的全部内容。只是，对于具体的细节及其他可以授权记载的事项，在法律允许的范围内可以进行自由协商确定。公司设立的时候必须提交公司章程给公司登记机关，否则公司无法设立；而股东协议法律则没有强制性要求股东必须签署。在法律规定的范围内，股东协议原则上是可有可无的，没有股东协议也不影响公司的设立及经营。

第二，公司章程与股东协议各自约束的对象不同。

公司章程约束的对象在之前的内容中，已经和大家分享了。虽然公司章程是由股东或者开办者制定的，公司的董事、监事和高管不参与制定，但是根据法律的特别规定，公司章程对公司、股东、董事、监事、高级管理人员具有约束力。通过本节的内容，我们知道股东协议本身就是一个合同，又因为合同具有相对性，严格意义上来讲股东协议仅仅对签署协议的各方股东有约束力，即便相关协议对公司产生了影响，也是基于其对公司的股东的约束力。

所以说两个文件约束的对象不一样，表面上看，似乎公司章程约束的对象更为宽泛一些，即便是没有参与制定的董事、监事、高级管理人员也需要受到它的约束；但是股东协议对股东之间的约定具体到执行层面，还是会影响董事、监事及高级管理人员的产生。具体谁推荐董事、监事及高级管理人员的候选人？程序如何进行？表决权如何行使？这些都可以在股东协议里提前约定，然后待公司设立后再纳入公司章程的里面。

第三，公司章程与股东协议两者对隐私保护程度不同。

公司章程根据法律规定是必须在设立时，作为申请材料提交给登记机关的。在公司登记机关登记的公司章程，根据需要可以向相关第三方进行公开。那么，里面记载的例如股东信息、出资情况、内部机构设置及一些本来需要保密的商业模式等内容，都是会被第三方了解，这就不利于对公司隐私的保护。

股东协议则恰恰相反，股东协议是不需要公开的，也不需要到公司登记部门备案，由股东保存即可；公司的董事、监事及高级管理人员也无权查阅；所以，股东协议相对于公司章程而言，具有较强的隐私性；对于股东之间一些需要保密的约定而言，则具有很强的保护性。如果股东之间存在股权代持关系，实际投资人之间签署了股东协议，但是在公司章程里面备案的股东名称及在公司登记部门登记的股东名称可以仅是名义股东而不包括真实的投资者。此时，名义股东来说则成为实际出资人的股权的代持人，外人则是不知道真实的股东是谁；股东之间则可以按照股东协议来约束各方的权利与义务。

对于存在股权代持关系的公司，不仅仅实际出资人与名义股东之间要签署一份股权代持关系协议，还建议实际出资人在方便向其他股东透露自己身份的情况下，要与其他股东签署一份股东协议。这样，既有利于在不对外公开其股东身份的情况下，达到在股东之间认可这个实际出资人的股东地位；保护实际出资人的权利的目的，也有利于其他股东根据股东协议来要求实际出资人履行股东义务，避免实际出资人利用股权代持关系来逃避责任。

第四，公司章程与股东协议相比约定的内容也不一样。

根据法律规定，公司章程应当载明下列事项：

（一）公司名称和住所；

（二）公司经营范围；

（三）公司注册资本；

（四）股东的姓名或者名称；

（五）股东的出资方式、出资额和出资时间；

（六）公司的机构及其产生办法、职权、议事规则；

（七）公司法定代表人；

（八）股东会会议认为需要规定的其他事项。

从公司章程及股东协议的内容上，可以看出这两个文件的内容有一定的重合部分，又不是完全一致的；股东协议更侧重于股东之间的权利义务，涉及公司设立之前筹备的问题、正常经营的问题和后期清算的问题；公司章程则更侧重于公司设立以后的经营与管理问题，内部机构的设立与运行问题等。

比如，公司未能成功设立，这个时候基本上是没有公司章程的。即便有，公司章程也没有约定未能成功设立公司时各方的权利义务及后续事项处理的问题。还有就是有的公司比较小，股东之间会直接分配工作内容，如有人负责研发、有人负责销售、有人负责财务，这些有关股东分工的负责内容也不会在公司章程里体现；这些内容是通过股东协议，纳入公司章程或者在公司章程里面具体体现；所以公司章程与股东协议之间的内容，并不是完全一致的，它们之间的内容既有区别又有联系。两者之间具有互补性，所以两者都有存在的必要性。我个人也建议除了制定公司章程外，股东之间要签署股东协议。

本书后面也给大家分享了一个股东协议的范本，仅供参考使用。

制定与修改的程序

通过前面几节内容的分享，估计大家对公司章程应该都有了比较深刻的了解，也基本上理解了"公司章程是公司的宪法"这句话的真正意义。而宪法的制定和修改跟一般的法律、法规可不一样。公司章程的制定和修改在制定主体、修改主体及制定和修改程序方面有什么特殊要求吗？

作为公司的"宪法"，公司章程在内容和程序上，具有一些特殊要求，相比于公司内部的议事规则、奖惩制度、考勤制度等一般性质的制度，它的制定、修改的主体和流程都有着非常严格的要求。

第一，了解一下公司章程和制度的制定主体。

首先，我们来看公司章程的制定主体。

在公司里，股东会是公司的权力机构；没有股东会的，公司的开办者既是公司里重大事务决定权的拥有者，也是公司章程的制定者。

虽然公司没有统一规定公司的章程由谁制定，但是在分散的法律条款中，可以总结出来各种公司的章程的制定主体。有限责任公司的章程由公司的股东共同制定；一人有限责任公司章程由股东制定；股份有限公司的章程由发起人制定，采用募集方式设立的经创立大会通过；国有独资公司章程由国有资产监督管理机构制定，或者由董事会制定报国有资产监督管理机构批准。所以，公司章程的制定者是开办公司的全体出资者，也是公司的全体所有权人。这里说的是全体，如果有一方不同意，可能他也就不会参与到公司的设立了，也就不是公司的股东或者说是投资者、所有权人了。

从法律规定来看，可以很明显地看出公司章程的制定主体都是公司里权利的拥有者，从这一方面也说明了公司章程的重要性及意义。

其次，我们再来看看公司各项制度的制定主体。

在《中华人民共和国公司法》里有下列规定：

第四十六条　【董事会职权】董事会对股东会负责，行使下列职权：（十）制定公司的基本管理制度。

第四十九条　【经理的设立与职权】有限责任公司可以设经理，由董事会决定聘任或者解聘。经理对董事会负责，行使下列职权：（五）制定公司的具体规章。

第十八条　【工会】公司职工依照《中华人民共和国工会法》组织工会，开展工会活动，维护职工合法权益。公司应当为本公司工会提供必要的活动条件。公司工会代表职工就职工的劳动报酬、工作时间、福利、保险和劳动安全卫生等事项依法与公司签订集体合同。公司依照宪法和有关法律的规定，通过职工代表大会或者其他形式，实行民主管理。公司研究决定改制及经营方面的重大问题、制定重要的规章制度时，应当听取公司工会的意见，并通过职工代表大会或者其他形式听取职工的意见和建议。

从以上公司法的规定内容可以看出，公司的基本制度是由公司的董事会制定，公司的具体制度是由公司的经理负责制定，只有公司研究决定改制及经营方面的重大问题、制定重要的规章制度时，才会有职工参与，但也仅仅是听取公司工会的意见，并通过职工代表大会或者其他形式听取职工的意见和建议而已。

除了公司章程以外，无论是公司的基本制度还是具体制度，制定主体要么是董事会，要么是经理；经理对董事会负责，董事会对股东会负责；从权力体系来看，股东的权力是最大的，即便是一人有限公司或者国有企业，也是由唯一的股东或者国有资产监督管理部门拥有最终制定或者决定的权利。其他机构或者人员最终都是基于股东对公司的管理产生的，最终要对股东负责，对于公司内部而言，他们的地位应该是次于股东的。

通过以上制定主体的对比，可以明显看出公司章程的重要性。

我们再来看公司章程和制度的修改主体。

在《中华人民共和国公司法》里有下列规定：

第三十七条【股东会职权】股东会行使下列职权：（十）修改公司章程。

第四十三条【股东会的议事方式和表决程序】股东会的议事方式和表决程序，除本法有规定的外，由公司章程规定。

股东会会议作出修改公司章程、增加或者减少注册资本的决议，以及公司合并、分立、解散或者变更公司形式的决议，必须经代表三分之二以上表决权的股东通过。

第一百零三条【股东表决权】股东出席股东大会会议，所持每一股份有一表决权。但是，公司持有的本公司股份没有表决权。

股东大会作出决议，必须经出席会议的股东所持表决权过半数通过。但是，股东大会作出修改公司章程、增加或者减少注册资本的决议，以及公司合并、分立、解散或者变更公司形式的决议，必须经出席会议的股东所持表决权的三分之二以上通过。

从上述法律规定就可以看出，公司章程的修改主体也是有比较严格的规定，无论是有限责任公司还是股份公司，都是由股东会或者股东大会进行修改的。修改的时候，通过的股东比例不是仅仅过半数就行，而是要求达到三分之二以上。这表明法律对修改公司章程的表决权规定已经上升到了重大事项的表决地位了，因此，它的程序就比较严格。不过，需要特别提示一下，公司章程里对制定主体和修改主体的规定是不一致的。一个是全体股东，一个是三分之二以上的股东，这里其实就有了很多可以操作的空间。

对于公司的基本制度及具体规章而言，法律没有说到修改主体，所以其修改主体是公司的董事会及公司的经理。

虽然公司章程的制定主体不是全体的股东或者投资者，但是从公司章程和制度、规章的修改主体来看，公司章程要严于公司的制度、规章。

现在，从公司章程和公司制度的制定和修改程序方面看一下区别。

对于制定流程而言，由于公司还没成立，就没有所谓的董事会及经理，所以有限责任公司的章程应当由股东提出来，全体股东共同探讨、协商确定后一起签字。初次制定章程时，一般需全体股东一致同意。对于一人有限公司，一般都是股东制定公司章程后，直接由该股东签字或者盖章就行。对于股份公司而言，由发起人制定公司章程，采用募集方式设立的需经股东们参加的创立大会通过。国有独资公司的章程，由国有资产监督管理机构制定，或者由事先确定的董事会去制定报国有资产监督管理机构批准。

对修改流程而言，公司法里没有明确规定谁有权提出公司章程修改的提案，只是规定了修改的主体及表决比例。那么，我们来看一看谁可以召开股东会。

在《中华人民共和国公司法》里有如下规定。

第三十九条　【定期会议和临时会议】股东会会议分为定期会议和临时会议。定期会议应当依照公司章程的规定按时召开。代表十分之一以上表决权的股东，三分之一以上的董事，监事会或者不设监事会的公司的监事提议召开临时会议的，应当召开临时会议。

第四十条 【股东会会议的召集与主持】有限责任公司设立董事会的，股东会会议由董事会召集，董事长主持；董事长不能履行职务或者不履行职务的，由副董事长主持；副董事长不能履行职务或者不履行职务的，由半数以上董事共同推举一名董事主持。有限责任公司不设董事会的，股东会会议由执行董事召集和主持。董事会或者执行董事不能履行或者不履行召集股东会会议职责的，由监事会或者不设监事会的公司的监事召集和主持；监事会或者监事不召集和主持的，代表十分之一以上表决权的股东可以自行召集和主持。

第五十三条 【监事会或监事的职权（一）】监事会、不设监事会的公司的监事行使下列职权：（四）提议召开临时股东会会议，在董事会不履行本法规定的召集和主持股东会会议职责时召集和主持股东会会议。

以上法律规定的内容可以总结出股东会、股东大会的召集主体，主要是代表十分之一以上表决权的股东、三分之一以上的董事、监事会或者不设监事会的公司监事。只有这些人才能召开股东会，召开后才能进行公司章程的讨论及表决。

现在，再来看看可以向股东会、股东大会进行提案的主体都有哪些。这些能够提出提案的主体，也是提出修改公司章程提议的主体，因为在股东会、股东大会里进行表决的事项都是需要事先进行提案的，公司章程就属于这里的事项。

在《中华人民共和国公司法》里有如下规定：

第五十三条 【监事会或监事的职权（一）】监事会、不设监事会的公司的监事行使下列职权：（五）向股东会会议提出提案。

第一百零二条 【股东大会会议】召开股东大会会议，应当将会议召开的时间、地点和审议的事项于会议召开二十日前通知各股东；临时股东大会应当于会议召开十五日前通知各股东；发行无记名股票的，应当于会议召开三十日前公告会议召开的时间、地点和审议事项。

单独或者合计持有公司百分之三以上股份的股东,可以在股东大会召开十日前提出临时提案并书面提交董事会;董事会应当在收到提案后二日内通知其他股东,并将该临时提案提交股东大会审议。临时提案的内容应当属于股东大会职权范围,并有明确议题和具体决议事项。

从上面的法律规定中,可以看出,法律法规对有限责任公司,没有细致的规定除了监事以外的可以提出议案的主体,但是根据有限责任公司的人合性,我认为公司的董事及任何一个股东都有权提出议案给股东会进行讨论。在股份公司中,根据股份公司的资合性特点,公司对提出议案的股东有了一定的限制,并规定只有单独或者合计持有公司百分之三以上股份的股东,才可以在股东大会召开十日前,提出临时提案并书面提交董事会。

根据以上内容,经过梳理可明确在公司中提出修改公司章程议案的主体、召开股东会或股东大会的主体及对公司章程修改议案进行表决的程序和比例。其实,公司法,对于修改公司章程及股东提出议案的规定还是不够详细,我们完全可以在公司章程里进行明确、细化,制定出完整的流程供公司的执行机构参考,以免引起不必要的歧义。

对于公司基本制度和具体制度的修改,因为制定主体就是董事会和经理,法律没有专门规定提出修改建议的主体是哪个,所以我个人认为董事会、经理依据职权可以进行制度的修改。因为监事会有监督董事会及经理的权利,可以对公司的经营提出建议。这样,监事会也可以提出修改不适合制度的建议。

通过对比,明显看出修改公司章程的流程相比于修改公司的基本制度和具体制度都是更为严格的,而公司章程的修改流程也是有明确法律的条款作为依据。公司的基本制度和具体制度的修改内容而言,可能未必得到了股东的同意,甚至可能说有违股东的意见,却有可能已经被公司内部的经理和董事会给通过并实施了。这点差异关系到了公司的具体经营及公司实际权力的掌握和实施。建议谨慎对待,对于法律未能明确规定的部分,要在公司章程里进行相应的补充,以免出现股东丧失公司控制权的现象。

必须要记载的事项

本书主要和大家分享的是如何制定一份既体现了公平，同时在大家都能接受的基础上又相对有利于自己的公司章程。

在制定公司章程之前，我们要了解一下什么是公司章程及公司章程要记载哪些事项。什么是公司章程，前面已经介绍了。本节主要和大家分享公司章程都需要记载哪些内容。

公司章程记载的事项包含了法律要求公司章程必要记载的事项和任意记载事项。必须记载的事项是法律、法规要求公司章程中必须记载的事项，主要是一些基础性事项，体现了商法思维的基础性、概括性规范的要求；任意记载事项是指股东根据本公司的具体情况，认为有必要记载到公司章程里面的事项，这里主要是体现了公司股东们的自由权利。

还有两个概念和大家分享一下，即强制性规范和任意性（授权性）规范。其中，强制性规范一般只能严格遵守，不能随意改变，必须按照公司法的规定执行；但任意性规范却为股东们提供了结合自身公司的情况和诉求，灵活地、自由地设计章程内容的可能性，包括自主设计股东之间的合作方式、公司的经营架构及经营方式等。这里面也涉及了公司的控制权及股东投入公司资源的占比分红问题。

需要强调一下，强制性规范不等于必须记载事项，任意性规范也不等于任意性记载事项。因为强制性规范就是必须按照法律的规定严格执行、不得变通的规范性要求。但是必须记载事项仅仅是必须记载到公司章程里面的事项，具体如何记载及如何设计章程的具体条款，公司章程制定者们拥有一定的自由权利。任意性规范也不仅仅是那些任意性记载事项，任意性记载事项在公司章程里是可有可无的，即便没有记载这个事项，公司章程也是完整的，也是有效的。任意性规范是法律的规定，对如何记载，章程的制定者一定的自主权利。

　　现在，分享一下公司章程中，必要记载的事项，也就是公司章程中必须记载的事项。如果法律要求必须记载而在公司章程里没有记载，可能导致公司章程无效，也有可能导致公司登记机关根本不给你做申请设立公司的登记。这些必须记载的事项涉及公司的根本性、基础性问题，设计上也有很多需要特别注意的地方，所以对于这些内容必须了解。

　　根据《中华人民共和国公司法》第二十五条的规定可以看出，有限责任公司章程应当载明下列事项：

　　(一)公司名称和住所；

　　(二)公司经营范围；

　　(三)公司注册资本；

　　(四)股东的姓名或者名称；

　　(五)股东的出资方式、出资额和出资时间；

　　(六)公司的机构及其产生办法、职权、议事规则；

　　(七)公司法定代表人；

　　(八)股东会会议认为需要规定的其他事项，股东应当在公司章程上签名、盖章。

　　以上就是公司章程需要记载的事项，其中，（一）到（七）就是法律明确规定的公司章程必须记载的事项。

　　这些有限责任公司章程的必要记载事项，虽然属于法律规定必须记载的事项，但并不是完全不能进行自主设计的：有的是需要按照事实直接记载的，就像公司股东的姓名、名称，这个就不能自由约定，除非存在股东代持的关系；虽然实际出资人不记载到公司章程中；但是记载到公司章程中的姓名、名称是不能随意更改的，需要和身份证或者社会信用代码登记证书上的名称一致；这些内容就像是身份证上的性别，你没法自由约定。有的还是可以进行自主设计的，只是这些内容必须记载到章程中，直白点说就是这些内容在公司章程里必须有，但是具体的内容可以适当地根据股东自己的意思进行自行约定。比如，分红条款的设计，必须有，但是怎么写法律给了制定者自由的空间，又比如，你的身份证上必须有姓名这一项，但是具体叫什么名字，完全可以在法律允许的范围内由你的父母给你设计。

还有一些必要记载事项的内容散见于《中华人民共和国公司法》的条款中，但公司法也仅仅是对这些内容进行了方向性的规定，还需要通过自由约定来具体明确带有本公司自己特点的内容。这些必要记载事项总结如下。

（1）公司法定代表人按照公司章程的规定，由董事长、执行董事或者经理担任。

（2）股东会的定期会议，按照公司章程的规定召开。《中华人民共和国公司法》第三十九条规定，股东会会议分为定期会议和临时会议。定期会议应当依照公司章程的规定按时召开。代表十分之一以上表决权的股东，三分之一以上的董事，监事会或者不设监事会的公司的监事提议召开临时会议的，应当召开临时会议。

（3）董事长、副董事长的产生办法，由公司章程规定。《中华人民共和国公司法》第四十四条规定，有限责任公司设董事会，其成员为三人至十三人，但是，本法第五十条另有规定的除外。两个以上的国有企业或者两个以上的其他国有投资主体投资设立的有限责任公司，其董事会成员中应当有公司职工代表；其他有限责任公司董事会成员中可以有公司职工代表。董事会中的职工代表由公司职工通过职工代表大会、职工大会或者其他形式民主选举产生。董事会设董事长一人，可以设副董事长。董事长、副董事长的产生办法由公司章程规定。

（4）董事任期由公司章程规定。《中华人民共和国公司法》第四十五条规定，董事任期由公司章程规定，但每届任期不得超过三年。董事任期届满，连选可以连任。董事任期届满未及时改选，或者董事在任期内辞职导致董事会成员低于法定人数的，在改选出的董事就任前，原董事仍应当依照法律、行政法规和公司章程的规定，履行董事职务。

（5）执行董事的职权，由公司章程规定。《中华人民共和国公司法》第五十条规定，股东人数较少或者规模较小的有限责任公司，可以设一名执行董事，不设董事会。执行董事可以兼任公司经理。执行董事的职权由公司章程规定。

（6）监事会中，职工代表监事的具体比例，由公司章程规定。《中华人民共和国公司法》第五十一条规定，有限责任公司设监事会，其成员不得少于三人。股东人数较少或者规模较小的有限责任公司，可以设一至二名监事，不设监事会。监事会应当包括股东代表和适当比例的公司职工代表。其中，职工代表的比例不得低于三分之一，具体比例由公司章程规定。监事会中的职工代表，由公司职工通过职工代表大会、职工大会或者其他形式民主选举产生。监事会设主席一人，由全体监事过半数选举产生。监事会主席召集和主持监事会会议；监事会主席不能履行职务或者不履行职务的，由半数以上监事共同推举一名监事召集和主持监事会会议。董事、高级管理人员不得兼任监事。

（7）国有独资公司监事会成员中，职工代表的具体比例由公司章程规定。《中华人民共和国公司法》第七十条规定：国有独资公司监事会成员不得少于五人，其中职工代表的比例不得低于三分之一，具体比例由公司章程规定。监事会成员由国有资产监督管理机构委派；但是，监事会成员中的职工代表由公司职工代表大会选举产生。监事会主席由国有资产监督管理机构从监事会成员中指定。监事会行使本法第五十三条第（一）项至第（三）项规定的职权和国务院规定的其他职权。

（8）公司将财务会计报告送交各股东的期限，由公司章程规定。《中华人民共和国公司法》第一百六十五条规定，有限责任公司应当依照公司章程规定的期限将财务会计报告送交各股东。股份有限公司的财务会计报告应当在召开股东大会年会的二十日前置备于本公司，供股东查阅；公开发行股票的股份有限公司必须公告其财务会计报告。

任意记载的事项

前文介绍了公司章程里面必须记载的一些内容，现在再介绍一下公司章程中那些任意记载的事项都有哪些。首先，还是看法律规定，根据《中华人民共和国公司法》第二十五条规定，有限责任公司章程应当载明下列事项：（八）股东会会议认为需要规定的其他事项。

这个第二十五条里面的第八项就属于任意记载事项，这些事项主要是股东们认为需要写进章程的内容，股东们对于这些内容具有很大的自主权利，并且这些内容对股东也具有重大意义。当然，如果章程里面没有规定这些事项，也不会影响公司章程的效力；但是这些任意记载的事项，只有在公司章程中记载才能生效；如果仅仅记载到股东协议里面，则仅仅能够基于合同相对性来约束股东，对于公司的董事、监事、高级管理人员或者第三人就没有效力。

其实，公司章程的任意记载事项与《中华人民共和国公司法》明确要求的必须记载的事项有所不同，这些任意记载事项可以不写进章程里面；不写进去，公司也能设立，而没有写进去的内容不能产生和写进去的内容一样的约束力。

这些任意性记载事项里，既可能是《中华人民共和国公司法》里已经有了指导性的规定的内容，也可能是《中华人民共和国公司法》里没有指导性规定的内容。但是，对于《中华人民共和国公司法》里，已经有了指导性的规定的事项，股东可以通过制定章程的方式去变更《中华人民共和国公司法》的那些指导性的规定。这类事项，如果公司章程中没有记载，按照《中华人民共和国公司法》的规定；如果公司章程中有记载，则按照公司章程；《中华人民共和国公司法》还没有指导性规定的，股东可以自由创设新的内容。

《中华人民共和国公司法》对公司章程中可以任意记载的事项，基本上没有统一的规定；都是散见于各个条款之中，没有集中呈现。为了方便大家学习，总结出以下十五项内容，供大家参考。

（1）公司章程规定，公司对外担保由股东大会或者董事会决定。公司对外担保有限额。《中华人民共和国公司法》第十六条规定,公司向其他企业投资或者为他人提供担保,依照公司章程的规定,由董事会或者股东会、股东大会决议;公司章程对投资或者担保的总额及单项投资或者担保的数额有限额规定,不得超过规定的限额。公司为公司股东或者实际控制人提供担保的,必须经股东会或者股东大会决议。前款规定的股东或者受前款规定的实际控制人支配的股东,不得参加前款规定事项的表决。该项表决由出席会议的其他股东所持表决权的过半数通过。

（2）公司章程可以对股东会法定职权以外的职权作出规定。《中华人民共和国公司法》第三十七条指出,股东会行使下列职权:(一)决定公司的经营方针和投资计划;(二)选举和更换非由职工代表担任的董事、监事,决定有关董事、监事的报酬事项;(三)审议批准董事会的报告;(四)审议批准监事会或者监事的报告;(五)审议批准公司的年度财务预算方案、决算方案;(六)审议批准公司的利润分配方案和弥补亏损方案;(七)对公司增加或者减少注册资本作出决议;(八)对发行公司债券作出决议;(九)对公司合并、分立、解散、清算或者变更公司形式作出决议;(十)修改公司章程;(十一)公司章程规定的其他职权。对前款所列事项股东以书面形式一致表示同意的,可以不召开股东会会议,直接作出决定,并由全体股东在决定文件上签名、盖章。

（3）公司章程关于召开股东会通知的规定,且该规定优先于《中华人民共和国公司法》适用。《中华人民共和国公司法》第四十一条规定,召开股东会会议,应当于会议召开十五日前通知全体股东;但是,公司章程另有规定或者全体股东另有约定的除外。股东会应当对所议事项的决定作成会议记录,出席会议的股东应当在会议记录上签名。

（4）公司章程关于股东在股东会上,不按出资比例行使表决权的规定。《中华人民共和国公司法》第四十二条规定,股东会会议由股东按照出资比例行使表决权;但是,公司章程另有规定的除外。

（5）公司章程关于股东会的议事方式和表决程序作出不违背《中华人民共和

国公司法》规定的规定。《中华人民共和国公司法》第四十三条规定，股东会的议事方式和表决程序，除本法有规定的外，由公司章程规定。股东会会议作出修改公司章程、增加或者减少注册资本的决议，以及公司合并、分立、解散或者变更公司形式的决议，必须经代表三分之二以上表决权的股东通过。

（6）公司章程对董事会法定职权范围之外的职权的规定。《中华人民共和国公司法》第四十六条规定，董事会对股东会负责，行使下列职权：（一）召集股东会会议，并向股东会报告工作；（二）执行股东会的决议；（三）决定公司的经营计划和投资方案；（四）制定公司的年度财务预算方案、决算方案；（五）制定公司的利润分配方案和弥补亏损方案；（六）制定公司增加或者减少注册资本及发行公司债券的方案；（七）制定公司合并、分立、解散或者变更公司形式的方案；（八）决定公司内部管理机构的设置；（九）决定聘任或者解聘公司经理及其报酬事项，并根据经理的提名决定聘任或者解聘公司副经理、财务负责人及其报酬事项；（十）制定公司的基本管理制度；（十一）公司章程规定的其他职权。

（7）公司章程对董事会的议事方式和表决程序作出不违背《中华人民共和国公司法》规定的规定。《中华人民共和国公司法》第四十八条规定，董事会的议事方式和表决程序，除本法有规定的外，由公司章程规定。董事会应当对所议事项的决定作成会议记录，出席会议的董事应当在会议记录上签名。董事会决议的表决，实行一人一票。

（8）公司章程对经理职权的规定，且该规定优先于《中华人民共和国公司法》适用。《中华人民共和国公司法》第四十九条规定，有限责任公司可以设经理，由董事会决定聘任或者解聘。经理对董事会负责，行使下列职权：（一）主持公司的生产经营管理工作，组织实施董事会决议；（二）组织实施公司年度经营计划和投资方案；（三）拟订公司内部管理机构设置方案；（四）拟订公司的基本管理制度；（五）制定公司的具体规章；（六）提请聘任或者解聘公司副经理、财务负责人；（七）决定聘任或者解聘除应由董事会决定聘任或者解聘以外的负责管理人员；（八）董事会授予的其他职权。公司章程对经理职权另有规定的，从其规定。

经理列席董事会会议。

（9）公司章程对监事会法定职权范围之外的职权的规定。《中华人民共和国公司法》第五十三条规定，监事会、不设监事会的公司的监事行使下列职权：

（一）检查公司财务；（二）对董事、高级管理人员执行公司职务的行为进行监督，对违反法律、行政法规、公司章程或者股东会决议的董事、高级管理人员提出罢免的建议；（三）当董事、高级管理人员的行为损害公司的利益时，要求董事、高级管理人员予以纠正；（四）提议召开临时股东会会议，在董事会不履行本法规定的召集和主持股东会会议职责时召集和主持股东会会议；（五）向股东会会议提出提案；（六）依照本法第一百五十一条的规定，对董事、高级管理人员提起诉讼；（七）公司章程规定的其他职权。

（10）公司章程对监事会的议事方式和表决程序作出不违背《公司法》规定的规定。《中华人民共和国公司法》第五十五条规定，监事会每年度至少召开一次会议，监事可以提议召开临时监事会会议。监事会的议事方式和表决程序，除本法有规定的外，由公司章程规定。监事会决议应当经半数以上监事通过。监事会应当对所议事项的决定作成会议记录，出席会议的监事应当在会议记录上签名；

（11）公司章程对股权转让的规定，且该规定优先于《中华人民共和国公司法》适用。《中华人民共和国公司法》第七十一条规定，有限责任公司的股东之间可以相互转让其全部或者部分股权。股东向股东以外的人转让股权，应当经其他股东过半数同意。股东应就其股权转让事项书面通知其他股东征求同意，其他股东自接到书面通知之日起满三十日未答复的，视为同意转让。其他股东半数以上不同意转让的，不同意的股东应当购买该转让的股权；不购买的，视为同意转让。经股东同意转让的股权，在同等条件下，其他股东有优先购买权。两个以上股东主张行使优先购买权的，协商确定各自的购买比例；协商不成的，按照转让时各自的出资比例行使优先购买权。公司章程对股权转让另有规定的，从其规定。

（12）公司章程对自然人股东死后继承问题的规定，且该规定优先于《中华人民共和国公司法》适用。《中华人民共和国公司法》第七十五条规定，自然人股东死亡后，其合法继承人可以继承股东资格；但是，公司章程另有规定的除外。

（13）公司章程规定，公司聘用、解聘承办公司审计业务的会计师事务所由股东会或者是董事会决定。《中华人民共和国公司法》第一百六十九条规定，公司聘用、解聘承办公司审计业务的会计师事务所，依照公司章程的规定，由股东会、股东大会或者董事会决定。公司股东会、股东大会或者董事会就解聘会计师事务所进行表决时，应当允许会计师事务所陈述意见。

（14）公司章程对公司解散事由的规定。《中华人民共和国公司法》第一百八十条规定，公司因下列原因解散：(一)公司章程规定的营业期限届满或者公司章程规定的其他解散事由出现；(二)股东会或者股东大会决议解散；(三)因公司合并或者分立需要解散；(四)依法被吊销营业执照、责令关闭或者被撤销；(五)人民法院依照本法第一百八十二条的规定予以解散。

（15）公司章程对公司中高级管理人员范围的规定。《中华人民共和国公司法》第二百一十六条规定，本法下列用语的含义：(一)高级管理人员，是指公司的经理、副经理、财务负责人，上市公司董事会秘书和公司章程规定的其他人员。(二)控股股东，是指其出资额占有限责任公司资本总额百分之五十以上或者其持有的股份占股份有限公司股本总额百分之五十以上的股东；出资额或者持有股份的比例虽然不足百分之五十，但依其出资额或者持有的股份所享有的表决权已足以对股东会、股东大会的决议产生重大影响的股东。(三)实际控制人，是指虽不是公司的股东，但通过投资关系、协议或者其他安排，能够实际支配公司行为的人。(四)关联关系，是指公司控股股东、实际控制人、董事、监事、高级管理人员与其直接或者间接控制的企业之间的关系，以及可能导致公司利益转移的其他关系。但是，国家控股的企业之间不仅因为同受国家控股而具有关联关系。

制定预防股东代持风险条款的作用

首先，我们来了解一下什么是股权代持。

股权代持，也称委托持股或者借名持股，是指实际出资人与名义出资人达成约定，以名义出资人作为名义股东，也就是代持人或者显股东，将其登记在股东名册、公司章程和工商登记部门的登记信息上，但名义出资人并不实际缴纳出资、享受投资权利，而是由实际出资人（也就是实际股东或者隐名股东）履行出资义务并享有投资权益。我国法律也对其合法性通过司法解释的方式，进行了相应的认可。

随着社会的发展，信息公开透明度越来越高，人们对商业信息、个人隐私的保密要求也越来越高。在这样的背景下，股权代持凭借其所特有的本身隐秘性和灵活性，已被广泛地应用在商业活动中。一些创业公司为了激励员工，通常会赠送股份，而为了避免出现频繁变更工商登记和股东人数超过上限（有限公司50人，股份公司200人）的情况，一般都会采用代持的方式；有的公司也会为了规避法律对境外投资者或者行业的限制而采用国内主体进行代持的行为；也有的是因为不想露富而采用股权代持行为。从股权激励的概念来看，股权代持原本是个中性词，但是随着其在商业活动中大量的应用，由股权代持安排引起的纠纷和争议也越来越频繁。

虽然我国法律对股权代持关系的合法性予以了认可，商业活动中也普遍采用股权代持这一商业行为，但是随着它的普遍应用，纠纷和争议也越来越多，其法律风险也逐步显现。我们在制定公司章程的时候，也要考虑到公司是否存在股东代持的问题，如果存在，我们制定公司章程时侧重点有所不同。

下面就介绍一下股权代持关系的法律风险有哪些？

1. 代持人负债引发的风险

如果代持人负有个人债务，被人诉讼，法院很有可能会将其名下的公司股权进行查封。虽然这个股权实际上不是他的，但是在公司登记信息上显示股权是他的，工商登记部门的登记信息也证明该股权属于他的，因为工商登记部门的登记具有一种公示效力，具有公信力，会让善意的第三方认为这是一种真实的存在。即便实际的股东拿着与当事人之间签订的《委托持股协议》，向人民法院要求解封，法院也会驳回该要求，因为实际出资人与代持人之间是一种合同关系，合同具有相对性，对合同之外的第三方，尤其是善意的第三方是没有效力的。所以如果你是实际出资人，在这种情况下主张进行解封，也不会被法院认可，同时，还不得以内部股权代持协议有效为由，对抗第三方对代持人的正当权利。

例如，当个人名下持有的房地产开发公司的股权遭到查封时，如果有人拿着委托代持协议，说你们的查封是错误的，对执行有异议，这种情况法院一般都会驳回。当然，这里也有一种特殊情形，如果说要求查封的这个人，也就是说债权人，如果明知被查封的人名下的股权，不是债务人真实持有的，而是代他人持有。那么，这个时候，解封申请会得到法院支持；因为债权人已经不属于善意的第三方了，但对于他是否知情，这个举证责任应当属于提出异议的一方。

2. 代持人死亡引发的风险

如果代持人意外死亡，则其名下的代持资产将有可能涉及继承问题或者其他的法律纠纷。

很多时候，这种代持行为，代持人的家属可能并不知情，如果代持人死亡，其家属可能会要求主张对其名下的股权进行继承，这样就会产生股权纠纷。

即便代持人的家属认可这种代持行为，但是如果继承人比较多，继承人的意见未必统一，除此之外，将来还是不是需要进行代持；以及具体是由谁进行代持都是问题。如果还需要进行代持，是实际出资人寻找其他人进行代持，还是由代持人的继承人进行代持。并且如果实际出资人要求将自己的信息登记到工商信息里面，那么也需要当事人的继承人配合，如果变更代持人也需要经过继承人的配合，无形中会增加很多的麻烦。

这里以一个案例对上述所列情况进行说明，甲是房地产开发公司的代持股东，乙是实际的出资人，但是甲在一场意外中死亡，现在乙想将持有的房地产开发公司的股权进行转让；但是由于甲已经死亡，无法进行股权转让，甲的股权必须在由其继承人进行继承后，才能够进行正常的转让；然而继承人之间发生了纠纷，均想从中获得部分收益，从而导致无法及时进行股权转让，从而错过了最佳的转让时机，造成了巨大的损失。

3. 实际出资人死亡

从性质上来看，股权代持关系中的实际出资人的权利义务并非公司股东的权利义务，而是基于代持协议与名义出资人之间约定的合同性质的权利义务。因此，实际出资人死亡后，可依据代持协议的规定，由其继承人继承相应的权利及义务，除非代持协议有特别的规定。但有的时候，这种实际出资行为，实际出资人的家属也并不知情；有的可能是部分人知情，这样很容易导致有部分人无法行使权利，获得收益，同时，继承人之间也有可能发生纠纷，导致无法及时获得相应的权利，因为此时，股权的归属不明确，也就不知道应当听谁的指挥行使股东权利，将分红支付给谁，这样很有可能会给公司的经营造成实际上的障碍。

再来看一个案例，甲是房地产开发公司的名义股东，乙是实际出资人。实际上，甲仅仅进行了工商登记，公司的实际经营均是由乙进行负责，甲根本就不知道公司的经营内容和办公场所的位置，也从未参与过公司的经营。但是乙有一天意外死亡，乙的继承人丙和丁，到公司要求行使股东的权利；公司的其他股东认为丙和丁并不是公司的股东，不允许他们行使权力，除非甲将其名下的股权转让给丙和丁；但是丙和丁又无法寻找到甲，这样就导致丙和丁的权利无法得到保障，也无法行使股东的表决权，对公司的经营及个人的利益均造成了影响。

4. 代持人的婚姻变化引发的风险

最高人民法院关于适用《中华人民共和国民法典》婚姻家庭编的解释（一）第二十五条　婚姻关系存续期间，下列财产属于民法典第一千零六十二条规定的"其他应当归共同所有的财产"：

（一）一方以个人财产投资取得的收益。以及第二十六条　夫妻一方个人财产在婚后产生的收益，除孳息和自然增值外，应认定为夫妻共同财产。《中华人民共

和国民法典》第一千零六十二条【夫妻共同财产】

夫妻在婚姻关系存续期间所得的下列财产，为夫妻的共同财产，归夫妻共同所有：（四）继承或者受赠的财产，但是本法第一千零六十三条第三项规定的除外；夫妻对共同财产，有平等的处理权。依据法条，代持人的婚姻状态如果发生变化，代持的股权一旦被认定为代持人夫妻共有财产，将有可能面临被分割的法律纠纷。

5. 代持人故意损害实际出资人的权益

在实践中，还存在代持人故意损害实际出资人的权益的情况，因为公司相关文件中登记的是代持人，其他人认可的也是代持人；如果代持人将持有的公司股权进行转让，将转让的股权款项据为己有，或者将分红据为己有，或者随意处置公司资产，实际出资人将面对由股权代持关系引发的法律风险。

比如，甲是房地产开发公司的名义股东，乙是房地产开发公司的实际出资人，房地产开发公司进行分红，将款项支付给了甲，但是甲却拒绝支付给乙，从而据为己有；或者说甲并不想据为己有，但由于甲欠丙钱，法院正好查封了甲的账户，此时，乙也将无法获得应属于他的分红。

6. 代持人不听从指挥

因为股权的权属属于实际出资人，而不是代持人，正常情况下，代持人行使股东权利的时候应当听从实际出资人的指挥，但如果在选举董事会、总经理和法定代表人时，或者进行其他股东会决议，代持人不听从实际出资人的指挥，而做出了有悖于实际出资人的意见的决定，这种行为很有可能就是对实际出资人的权利的损害。但这种表决行为，对公司或者是对于第三方，可能就是生效的决议，实际出资人如果再想追究当事人的责任，或者是推翻这个决定就比较难。

《中华人民共和国公司法》第二十二条规定了瑕疵决议的无效和撤销，即："公司股东会或者股东大会、董事会的决议内容违反法律、行政法规的无效。股东会或者股东大会、董事会的会议召集程序、表决方式违反法律、行政法规或者公司章程，或者决议内容违反公司章程的，股东可以自决议作出之日起六十日内，请求人民法院撤销。"这里明确说明只有股东才能申请撤销，但实际出资人还不完全具有股东资格，很多时候，实际出资人想要行使撤销权也需要通过代持人进行；如果代持人不听指挥，实际出资人想要撤销就需要自己"显名"，成为具有完全资格的股东，这样可能还会发生诉讼，这个诉讼时间，可能会很长，"显名"诉讼结束后，可能即便行使了撤销权，也已经没有意义了。所以，这个风险点，大家也要特别注意。

比如，甲是房地产开发公司的名义股东，乙是房地产开发公司的实际出资人，乙是大股东，其他股东仅占有少量股权；乙想选举丙作为房地产开发公司的法定代表人，其他股东想选举丁作为法定代表人。结果，在甲的配合下选举了丁作为法定代表人，这个时候乙可能会丧失对公司的实际控制了。

7. 实际出资人难以确立股东身份的风险

虽然司法解释肯定了股权代持关系协议的法律效力，但是投资权益并不等同于股东权益，投资权益只能基于代持合同向名义股东（代持人）主张，而不能直接向目标公司主张，因为它存在一定的局限性。比如，A持有的公司股权是被B代持的，现在A想查公司的账目，这样可能就存在一定障碍，如果公司不认可，公司的其他股东不认可，A是很难查账的，因为公司法并没有给予实际出资人查账的权利，实际出资人的查账权利也仅能通过代持人来行使。即便A和B之间存在代持协议，但估计A让B行使这个权利也很难。

根据公司法解释，必须经过公司半数以上股东同意，实际出资人方可向法院请求公司变更股东、向其签发出资证明书、将实际出资人信息记载于股东名册和公司章程并办理公司登记机关登记。但如果是一人公司，公司仅有代持人一个股东，这种情形也比较麻烦。或者说，即便代持人与实际出资人均认可，将实际出资人登记到股东名册或者记载于章程中，其他过半数以上的股东不同意，也实现不了。

8. 代持人填补出资的风险

按照股权代持协议的约定，应当是实际出资人履行出资义务，但是如果实际出资人未履行出资义务，就会存在一些潜在问题。因为现在很多公司都是认缴出资，也正因为认缴出资的出现，很多公司的注册资本都很高。但是如果公司经营不善，出现亏损，股东就需要履行出资义务，在认缴的出资范围内承担责任。若公司的债权人追索，则很可能会将代持人告上法庭，最终判决也可能会要求代持人承担出资义务，代持人不能以不是实际投资人为由拒绝承担责任。代持人只能在承担责任后，向实际出资人进行追偿，但是这个追偿的结果不好预测，因为实际出资人本身就是经营不善的企业的实际控制人，那么现在该出资人很有可能也已经陷入了财务危机，无法支付这个资金。即便最终代持人能够得到补偿，但是在诉讼或者执行过程中，代持人可能会被查封其他财产（房产、车辆等），导致这些财产不能够正常交易或者年检等；也可能会被列入失信名单，导致无法出国、坐飞机或者高铁等。所以代持人不要轻易给别人代持股权，自己一定要有风险意识。

例如：甲是房地产开发公司的名义股东，乙是房地产开发公司的实际出资人，房地产开发公司注册资本是100万，注册资金全部是认缴出资。由于经营不善欠B公司100万，B公司要求房地产开发公司还款，并发现甲作为股东没有实际出资，则B公司可以依据法律规定向甲进行追偿，甲需要对此债务承担还款责任。

9. 代持人承担连带保证责任的风险

现在很多公司从银行或者民间进行借款的时候，银行或者民间的投资者都会要求公司的股东承担连带保证责任，有的还会要求股东的配偶在保证合同或者保证书上签字，这个时候签署保证合同或者保证书的必然是名义股东及其配偶；但是，实际经营是由实际控制人，也就是实际出资人负责，如果因为实际出资人故意转移资金或者经营不善导致出现无法还清贷款的情形，这个代持人可能就会遇到麻烦，代持人很有可能会承担还款的保证责任、会拿出自己的房产、汽车等资产用于偿还这些欠款。

10. 代持人成为替罪羊的风险

实际出资人如果是想利用公司进行非法活动，他可能会利用代持协议隐藏身份。因为根据代持协议的约定，在股东会决议上签字的都是代持人，而代持人很有可能对实际经营的情况不清楚，但是由于股东会决议全部由其签字，从证据上来看，代持人很有可能要承担一定的责任，有时候很有可能会承担刑事责任。所以代持人要清楚地了解实际出资人的身份，正确判断后者是否符合成为股东的法律条件，公司经营是否合规等，以免成为他人从事非法经营的替罪羊。

代持人很多时候也会代持法定代表人的身份，什么叫代持法定代表人的身份？法律上没有代持法定代表人的身份的概念，实际上就是代持人名义上是法定代表人，但实际上不履行法定代表人的义务，也不行使法定代表人的权利；但有的时候代持人会承担义务但不行使权力的，法定代表人真正的权利由实际出资人行使。在代持人代持法定代表人身份的这种情况下，遇到问题时，后果可能会更加严重；如果涉嫌刑事犯罪，首先会对法定代表人进行传唤，代持人此时很有可能会被拘留以配合调查，虽然最终证明这个代持人是无罪的，但是进拘留所这段时间的生活体验可就是白白"享受了"；如果企业违法经营，很有可能会受到行政处罚，行政处罚很有可能会处罚法定代表人；还有其他的一些情形，也有可能导致代持人被列入失信名单，从而不能坐高铁、飞机和住高档酒店了。

11. 代持协议无效的情形

例如，国家对一些行业进行限制，不允许外资进入，有些外资为了进入这一市场作为实际出资人，此时就需找一个国内的代持人，签署代持协议，但这种代持协议很有可能是无效的代持协议，最终不被法律认可。

在实践中，这一类风险很可能表现为名义股东与实际出资人之间的利益冲突。曾经引发轰动的华懋金融服务有限公司委托中国中小企业投资公司（中企投）代持民生银行股权纠纷案，就是由于华懋公司为了规避金融机构的禁令，而委托中企投代持其出资的9 000万元人民币。岂料，民生银行后来的迅猛发展超出了所有人的意料，面对巨额股利，中企投决定向北京市高级人民法院提起"确认双方股权代持关系协议无效"的诉讼，以排挤华懋公司，独享全部股东权利。而心有不甘的华懋公司则向对方提起了要求确认委托关系存在、自己为实际出资人的反诉。在历经10年官司后，最高人民法院作出了终审判决：双方的委托代持关系因违法而无效，中企投向华懋集团返还40%的股票价款和分红。最终，华懋公司失去了股东资格，中企投则失去了志在必得的部分预期利益，并招致公众的道德拷问，该案导致了两方当事人的"双输"局面。

总之，从以上分析可以看出，股权代持关系协议的效力一般为法律所认可，在特殊情况下也会被认定为无效。实际出资人的财产权利一般为法院所支持，但是身份权利可能很难得到保障。实际出资人决定"显名"也有一定的程序，不是那么容易实现。股权代持关系对双方都有风险，代持需谨慎。

我们再来了解一下如何规避代持风险。

1. 签署正式、明确、完整的代持协议

签署正式、明确、完整的代持协议是规避代持风险最简单直接的方式，也是目前使用最多的方式。设立代持股时，双方一般都会签署正式的股权代持协议，在代持协议中明确约定双方的权利、义务，以及如何行使股东权利、如何履行义务。比如，如何支付获得的分红、股权收益及逾期的时候如何承担责任，如何支付代持人的报酬，一方给另一方造成的损失的责任如何承担，这些都需要约定得明确、细致一些。

具体来说，签署代持协议的双方，需在代持协议中明确以下事项：行使权利的内容及依据、行使权力的程序、支付款项的时间；代持人在出席公司股东会时需要进行表决的情形，哪些情形要根据实际出资人的指示进行，哪些情形可以自行决定，实际出资人需要怎样指示，代持人遇到突发情况哪些签字可以灵活决定，哪些签字需要得到实际出资人的明确同意，指示或者同意的方式是怎样的（书面还是电话等方式）。

2. 出资凭证的保留

实际出资人证明他是实际股东的最有力方式就是证明钱是自己出的，那么证明钱是自己出的最直接的方式就是拿出出资证据，出资证据主要包括：银行凭

证、收据、公司出具的出资证明书、权利凭证的转移手续文件等。这里就涉及公司章程里提到的出资证明书的问题及公司内部的股东名册的问题。

所以，建议实际出资人履行出资义务时，保存好资产转移证明文件；如果是现金入股的，最好是通过银行转账的方式，并且最好通过实际出资人的账户直接支付到目标公司账户；如果存在一定的不便或者有一些顾虑，也要从实际出资人指定的账户将款项直接支付到代持人账户，并由代持人账户直接支付到目标公司账户，并将转账凭证或者银行流水保留好（保留的资料包括支付给代持人的凭证和代持人支付给公司的凭证），还要要求代持人写个证明，证明该笔款项是由实际出资人进行支付并用于股权出资的。

如果是实物出资也要尽量保留相应的证据，动产的交付要保留好交割单，购买时的原始凭证等；涉及不动产的，更要保留好不动产的交易凭证，到不动产登记部门进行登记；如果是知识产权，也要保留好相应的交接文件并到知识产权备案登记的相关部门进行备案登记。

如果可以，出资的流程尽量也要在代持协议中进行明确约定，代持协议与付款证据要相互印证。

3. 签订股权转让协议

可以考虑在签订股权代持协议的时，签署被代持股权的股权转让协议，这样实际出资人可以随时依据股权转让协议要求将被代持的股权转让到自身或指定的其他人名下。但是，进行股权转让需要办理股权转让的委托书，以及取得其他股东过半数同意的股东会决议。

同时，实际出资人也可要求代持人出具一份授权委托书，委托实际出资人或者其指定的第三方处理与被代持股权有关的事项。类似的措施，还有实际出资人和代持人签订股权期权购买协议或代持人将行使代持股份的权利独家授权给实际出资人等方式。相关文书的办理尽量采用公证或者律师见证的方式，尤其是代为进行股权转让的委托书，因为公司登记部门现在一般要求股东本人到场，但是如果发生纠纷，代持人无法到场，就需要委托其他人，对于这样的委托，公司登记机关也会要求该委托经过公证或者律师见证。

另外，也要结合公司章程，考虑是否需设计允许有限责任公司中的股东直接对外转让股权及原股东放弃优先购买权的条款。

4. 办理股权质押担保

代持人可能会私自将股权进行转让，卖给别人，拿钱"跑路"；也可能会因为欠别人的钱，其名下的代持股权被债权人查封，然后被拍卖。上述情况都会导致实际出资人的利益遭受损失，没了股权，也没了钱。

为了防止代持人私自转让股权或者代持人的债权人查封该股权，可以在办理工商登记的时候，也就是在办理股权代持手续的同时，办理股权质押担保，将代持的股权向实际出资人办理质押担保。这样，就确保了代持人无法擅自将股权向第三方提供担保或者转让，也防止了代持人的债权人查封该股权的行为，即便查封了该股权，代持的股权所出卖的款项也优先支付给实际出资人。这样一来，实际出资人也就有了优先权的保障，防止"赔了夫人又折兵"。

5. 双方亲属出具认可代持声明

我们前面说到了婚变的风险；代持人死亡的风险；还有代持人代为出资后可能要动用实际出资人夫妻共同财产，但是实际出资人家属不予认可的风险等；为了规避这些风险，建议代持人与实际出资人要安排双方亲属出具认可代持的书面声明。一旦引起纠纷，进入诉讼程序就麻烦了，一是诉讼程序的时间特别长，而商场上瞬息万变；二是可能会导致股东会无法正常召开，影响公司的贷款或者其他正常经营行为。

所以建议由代持人及实际出资人亲属出具声明，最起码也要征得直系亲属或者夫妻双方对该代持行为的认可，并且建议在该声明中，最好将可能预料到的情形进行明确，并让公证机关进过公证或者聘请律师进行律师见证。

6. 法人机构代持结构

由法人机构替代自然人代持股权的股权代持结构，相对而言比较安全、系统、可靠、可控。法人机构代持股权后，更容易做出一套比较完善的风控体系。比如：可以选择一个的股东是互相不认识的人法人机构；法人机构的法定代表人不由里面的股东担任，另选他人做法定代表人；法人机构不进行实际业务的开展，只是作为代持股的平台，然后法人章、公司公章、财务章由实际控制人进行掌管等。不过，这样的设计需要专门的篇章进行讲解，不同的情况也需要进行不同的设计。

有条件，还可以选择专业的资产管理公司来代持股权，或者选择境外免税地区设立离岸公司，通过层层设计的股权结构来持有股权。

7. 通过人员对公司进行控制

股权代持对于实际出资人的最大风险，在于实际出资人失去对公司的控制权，导致公司的资产被随意处置等情形的出现。

所以，在日常的公司经营中，可以采取一系列的措施来防止控制权的丧失。例如：控制公司的选举，从而控制公司的董事会、监事会及经理等人员，并将股东的代持人与公司的法定代表人进行隔离，由不同的人担任，防止代持人既能签署股东会决议又能代表公司，从而防止代持人完全掌控公司。

这里就涉及公司章程里面是否设置董事会、监事会及执行董事的问题，还有董事、监事、执行董事、经理及其他高级管理人员和法定代表人的产生、罢免等条款的设计问题。

8. 家族信托

家族信托也是一种重要的代持方式，依据《中华人民共和国信托法》的规定，信托是指委托人基于对受托人的信任，将其财产权委托给受托人，由受托人按委托人的意愿以自己的名义，为受益人的利益或者特定目的，进行管理或者处分的行为。在这种法律框架下，委托人是资产的实际持有人，受托人便是代持人。

委托人可以根据自己的意愿设立家族信托，将其名下的现金、股权或不动产转移到家族信托中，并委托自己信任的受托人进行管理、处分；信托合同条款的订立受到《中华人民共和国信托法》的约束和保护，相比于由自然人双方私下签署的代持协议，信托合同应当是更具备法律效力与受到法律保障。

最后，增强法律及证据意识。

股权代持双方都要增强证据意识，注意搜集保存证明代持股关系的证据。为了防范潜在的风险，一方面要签订全面、细致的代持股协议并及时办理公证；另一方面要注意搜集保存好证明代持股关系的证据。比如：代持股协议、出资证明、验资证明、股东会决议、公司登记资料等。如果代持股人严重违约或者法院冻结代持股份，可以通过及时提起诉讼或者提出异议的方式来维护自己的合法权益。

第三章

小条款解决大问题

有关公司宗旨条款的设计

普通的章程条款为维护公司、股东和债权人的合法权益，规范公司的组织和行为，依据《中华人民共和国公司法》《中华人民共和国公司登记管理条例》及有关法律、法规、规章的规定，制定本章程。

公司章程的第一个条款一般都是公司的宗旨条款。有的公司会在公司章程中专门设计这个条款；也有的公司不重视公司章程，认为有没有公司宗旨及是否将其写入公司章程中都无所谓了；也有的虽然重视公司章程，也认为公司章程应该更注重实际问题，对于公司宗旨这类比较虚的问题是否写入章程中也无所谓。

随着市场经济的发展及公司现代化建设的需要，大家对公司的宗旨越来越重视了。同时，随着大家对公司章程认识的深入，很多公司在制定公司章程的时候已经将公司的宗旨写入了公司章程，认为这是一种公司形象的体现，具有一种代表意义，同时也是公司经营主旨的主要体现。

这种主旨体现和代表意义让很多从事企业管理、培训的讲师在做培训时把公司宗旨、使命之类的东西放到一个重要地位，这个方面我不可否认，但对这个方面我也没有太多的发言权，我仅仅是个律师，公司管理方面我做得不多。不过从我多年来为企业提供法律服务的实战经验及律师身份的角度来看，我认为将公司宗旨写入公司章程还有一些特殊的意义，我们先从最基础的概念逐步分析，首先了解一下什么是公司的宗旨。

公司的宗旨是关于公司存在的目的、意图；企业长期发展的方向、目标、目的和对社会发展的某一方面应做出的贡献、承担的社会责任和义务的陈述，通俗地讲就是为什么开办这家公司及开办这家公司干什么。公司的宗旨也就是股东们一起合作的目的，更体现了股东们创办公司的"初心"。

很多人会说盈利才是我们创办公司的初心，确实，他们说的没问题，盈利是"初心"的一部分；但是，每个公司都承担着一定的社会责任的，因为公司是社会的组成部分，不能离开社会独立存在，所以公司具有社会属性；还有就是无论这家公司属于哪一行业、经营什么产品、怎么经营、如何盈利及存在多久都是需要明确的，明确了公司的目的，才可以防止后期迷失方向。

因为随着公司的发展和公司实际控制人控制权的变化，就可能出现；大小股东之间的目的、利益不一致的问题，大股东就可能时不时地作出一些违背最初大家合作意向的行为。如果大股东经常做出与公司宗旨相违背的事情，就是违背了股东们的初心，与股东们最初一起合作的初衷不一致了。例如：经过几年的发展，大股东可能想要横向扩张，发展其他的行业，小股东还想留在原来的行业精耕细作；或者大股东想要长期发展而连续几年不分红，小股东却想要按照当初的约定年年分红，小富即安，享受生活；还有的可能大股东想要实现社会价值，将公司的资产全部或者大部分捐给希望小学或者成立以自己姓名命名的慈善基金会，但是小股东认为最初创办公司的目的盈利、分红等而不同意大股同行为。随着公司的不断发展，股东们的有些行为可能就逐步与最初的宗旨不一样了，有些行为偶尔出现一两次还可以，可是长期出现违背股东们创办公司最初的目的的行为，就可能出现矛盾；尤其是当小股东感觉到利益受损而又因为地位问题很难影响公司的整体决定时。

如果在后期股东之间发生争议了，监事会是否应当对董事、高级管理人员行使监督权力？行使的监督权力的基础是否正确？公司是否陷入了僵局？是否需要解散？出现了以上问题而又在一些细化的条款里找不到合适的解决依据时，就要反省一下现在的事情是否违反了公司章程里记载的公司宗旨。如果违法了公司的宗旨，是不是可以将现有的情况列入解散公司或者小股东要求大股东回购股权、公司减资的情形。

公司的宗旨条款，对预防纠纷起着决定性的作用。当发生纠纷时，为解决纠纷提供了解决依据，所以公司宗旨的条款有必要写入公司章程。

　　具体如何写，就需要股东们结合开办公司的目的及对社会发展的某一方面应做出的贡献和公司的特点进行设计。

有关党建工作条款的设计

　　普通的章程条款：无。

　　现有的公司章程模板里，一般暂时还没有关于公司党建的专门条款。现在，很多公司已经开始重视党建的工作，尤其是很多央企、国企都在公司章程里加入了党建的专门条款，很多律师事务所的章程也都纷纷添加了有关党建的专门条款。

　　作为企业家一定要铭记党的作用及领导地位，党领导一切，即便是在公司中，也要根据《中国共产党章程》的规定，设立中国共产党的组织，开展党的活动。公司应当为党组织的活动提供必要条件，这已经在《中华人民共和国公司法》第十九条进行了明确，说明公司党建工作已经上升为法律层面的要求了。

　　所以，在公司的章程里面有必要加入有关党建的一些条款，积极响应党和国家的号召，尤其是国有性质的公司，更有必要加上有关党建的专门条款。因为大型国有公司掌握着国家的经济命脉，关系到了国计民生。这类公司不仅需要职业经理人来经营管理公司，还需要坚持党的领导，发挥好党组织的作用来保障国家利益、人民的利益。比如：在公司内部建立重大事项需要向党组织报告的制度、事前需要经过党组织批准的程序；一些关键岗位由党员担任，尤其是董事、监事及高级管理人员需要经过党组织的政审或者推荐才具有资质参与选举；对于党组织的活动经费及办公条件给予保证等。

　　据了解，中国铁建、中国核电、中国五矿等一些大型国有公司已经率先修改了公司章程；对于民营企业而言，我们其实也应当坚持党的领导，针对自己公司的情况，也建议加入专门的党建条款。

有关企业名称条款的设计

普通的章程条款：

公司名称：河北****房地产开发有限公司

所有的公司都必须有自己的名称，用于对外经营和办公，并且每一个成功的公司必须要有自己独特的名称。在公司创立之初，给公司取名字应该最费精力的，听说马云最初给阿里巴巴起名称时，也是费了很多功夫。一个公司的名称既要响亮、具有代表性，又需要合法。

在公司章程中，公司名称是必须记载的基本事项。对于公司的名称，可能很多人讲究找一些有文化的人去起名；也有的人为了蹭热度，把一些名人的名字用到自己的公司名称上。不过，这些给公司起名的方式必须符合法律的规定，否则公司登记机关是不给登记的，所以进行公司核名的时候，一般会让你列出多个名称作为备选，记得有家律师事务所选择名称时，列了不下50多个名字作为备选，最后才定下来。

所以，无论你公司名称多么响亮，找了什么样的高人取名，最终还是需要以在公司登记部门给你核定名称为准，在你公司章程中记载的也必须是这个名称，即便你有其他喜好的名称用作商品的商标名称，但在公司章程和营业执照里面记载的必须是工商局核准。

下面是法律、法规对公司起名的一些要求：

第一，企业名称应当由行政区划、字号、行业、组织形式依次组成。但是，除国务院决定设立的企业外，企业名称不得冠以"中国""中华""全国""国家""国际"等字样。使用外国（地区）出资企业字号的外商独资企业、外方控股的外商投资企业，可以在名称中间使用"（中国）"字样。

第二，企业法人名称中不得含有其他法人的名称，国家工商行政管理总局另有规定的除外。

第三，企业名称中的字号应当由两个以上的字组成。行政区划不得用作字号，但县以上行政区划的地名具有其他含义的除外。企业名称应当使用符合国家规范的汉字，不得使用汉语拼音字母、阿拉伯数字。私营企业可以使用投资人的姓名作字号。

第四，企业名称中行业用语表述的内容应当与企业经营范围一致，企业名称不应当明示或者暗示有超越其经营范围的业务。

第五，在起名称时需要注意不要与其他的知名商标、著名商标或者是名人的名字或者企业字号相同，否则可能会涉嫌不正当竞争的问题，被他人起诉，要求改名。

现在，再来了解一下公司名称更改方面的问题。

公司的名称是需要在公司章程里进行记载的，作为一种登记、记载事项，记载到公司章程里时，是需要经过有表决权的股东三分之二以上表决通过的。

但是，如果公司的名称对股东有特殊的意义。比如，刘强东创办的京东公司的"京东"的两个字，对于刘强东而言就有特殊含义，此时公司名称的变更，就相当麻烦。因为变更公司名称是特殊事项，需要经过有表决权的股东三分之二以上表决通过，如果有个股东仅仅是拥有51%的表决权，是不能实现变更公司名称的。

举个例子：

李雷和韩梅梅是初恋，他们开办了一家名为"雷梅"的商贸有限公司。这家公司经营得很不错，不断地引入其他的股东进入。李雷和韩梅梅保留了那最终的一票否决权，双方持股比例总计34%，有几个股东联合起来的持股比例超过了51%，这时他们认为这个公司叫"雷梅"不好听，主要是太明显地突出了李雷和韩梅梅，并且有一种夫妻店的感觉，显得不像大公司，这几个股东就想要变更公司名称。最终的结果还是不能因为其他股东的表决权超过了50%而通过变更名称的决议；即便是李雷和韩梅梅已经离开了公司或核心队伍，第一大股东有可能不是李雷或者韩梅梅了，别人也是不能直接变更公司名称的。

很多企业也会把实际控制人的个人名字作为公司的名称，或者起一些有特殊意义的名称。尤其是对于律师事务所，这种现象非常普遍，特别是个人律师事务所，即便后期发展成为合伙所了，他们还是想保留以前的名字，主要是有利于行业内对自己的认可和自己形象的树立；而后来加入的合伙人会有其他想法，很多都想要变更公司名称；但如果想要变更，很多时候是需要创始人同意的。

当然，也有另外一种观点，就是公司的名称因为记载到了公司章程中，仅仅是属于记载性事项，变更公司名称不属于变更公司章程，不需要经过有表决权的股东三分之二以上表决通过。对于这点，不同的人有不同的理解，公司登记机关负责进行备案的人员的理解也不完全一样。为了保险起见，如果创始人或者现有的实际控制人有特殊的考虑，完全可以在公司章程中进行特殊的约定，将名称的变更事项归属到需要经过有表决权的股东三分之二以上表决通过的事项中，让具有特殊意义的名称随着企业的发展流传百年，尤其是一些家族企业，只要企业的名称还在，企业就不散，家族就很团结。

有关公司住所条款的设计

普通的章程条款：

住所：河北省石家庄市桥西区友谊南大街×××号。

公司的住所是《中华人民共和国公司法》规定的公司章程中必须记载的事项，是公司主要办事机构所在地。虽然很多公司有多处办公场所，或者说为了税收筹划、奖励政策或者其他的原因，将公司主要的办事机构和人员放了不是章程中记载的那个办公地址上。但是，公司登记部门登记的公司的住所地址，就是以公司章程中记载的这个地址为依据。

公司的住所一般情况下就是公司主要办事机构所在地，如果公司主要办事机构所在地发生了变更，需要及时到公司登记部门进行变更登记，如果私下变更了公司主要办事机构所在地而没有到公司登记部门进行变更登记，则不能以此对抗第三方的，公司也可能会因此遭受损失。

公司住所有着很重大的意义，就类似于一个国家的首都，一个家庭的户籍登记地址，一般情况就视公司住所为这个公司的主要办事机构所在地，很多事情都要跟这个住所产生关联。

首先，公司的住所是很多诉讼案件起诉时确定管辖法院的重要依据。

主要法律依据如下：

《中华人民共和国民事诉讼法》第二十一条：对法人或者其他组织提起的民事诉讼，由被告住所地人民法院管辖。第二十三条：因合同纠纷提起的诉讼，由被告住所地或者合同履行地人民法院管辖。第三十四条：合同或者其他财产权益纠纷的当事人可以书面协议选择被告住所地、合同履行地、合同签订地、原告住所地、标的物所在地等与争议有实际联系的地点的人民法院管辖，但不得违反本法对级别管辖和专属管辖的规定。

《最高人民法院关于人民法院办理仲裁裁决执行案件若干问题的规定》第二条：当事人对仲裁机构作出的仲裁裁决或者仲裁调解书申请执行的，由被执行人住所地或者被执行的财产所在地的中级人民法院管辖。

《最高人民法院关于审理劳动争议案件适用法律若干问题的解释（一）》第八条：劳动争议案件由用人单位所在地或者劳动合同履行地的基层人民法院管辖。劳动合同履行地不明确的，由用人单位所在地的基层人民法院管辖。

从以上的法律条文中，我们可以得出一个结论，在一般的情况下，无论是基于合同关系、单位内部的劳动争议或者是一般的民事纠纷进行的诉讼，如果公司被起诉，没有特别约定的情况下，更多的是需要到公司住所地有管辖权的人民法院进行诉讼，这最起码是进行诉讼争议解决法院选择时用得最多的依据。创办公司、经营业务难免发生一些争议，选择一个合适的住所地就关系到了争议的解决是否有利于自身的问题。毕竟，诉讼支出的那些差旅费都是一个不小的数字，很多比较小的争议案件，仅仅涉及几千或者一两万块钱，但是差旅费就需要几千甚至上万元，此时无论是否能够胜诉，直接放弃诉讼可能是最优选择。

跟大家说明以上问题，不是为了告诉大家去选择一个有利于自己的地方注册公司，然后再故意违约，而是告诉大家，如果选在一个有利的住所地和法院，我们的维权成本会降低很多。

其实，不仅仅是诉讼的法院选择的问题，就连法律文书的送达地的选择也是依据公司的住所。

根据《中华人民共和国民事诉讼法》第八十六条：受送达人或者他的同住成年家属拒绝接收诉讼文书的，送达人可以邀请有关基层组织或者所在单位的代表到场，说明情况，在送达回证上记明拒收事由和日期，由送达人、见证人签名或者盖章，把诉讼文书留在受送达人的住所；也可以把诉讼文书留在受送达人的住所，并采用拍照、录像等方式记录送达过程，即视为送达。

还有很多商事仲裁委员会的仲裁也是将公司的住所视为送达地址，并且采用邮寄送达的方式进行。之前，就有个朋友的公司，因为使用了虚拟地址没有收到仲裁委员会的开庭通知而被通过缺席开庭审理了案件；因为是缺席审理，该公司因为没能进行有效答辩而败诉。后来，想要推翻生效的裁决结果花费了很多成本，至今还没能推翻裁决结果。

下面是一个改变后的案例：

李雷开办了一个经营钢材的商贸公司，自己作为法定代表人。这个商贸公司从一个钢材厂进了一批螺纹钢，这一批螺纹钢的质量特别差，不符合双方之前签订的合同要求，双方之间对产品的质量进行协商，但是一直未果。于是公司就将剩余的200万元货款扣下，拒绝支付给这个钢材厂。

有将近一年的时间，李雷由于忙其他的业务，没顾上处理这个事情。但是突然有一天，出差在外地的李雷接到了家里的电话说他母亲病重，这两天就需要手术，需要他回来签字。当李雷准备买飞机票时，发现自己买不了飞机票，经过查询他才知道自己被人民法院限制高消费了，被列入了失信名单。

但李雷想不明白，自己没有跟谁打官司，也没欠什么人的钱，于是他就联系到了将他列入失信名单的法院。经过询问才知道，他开办的商贸公司被那家钢材厂根据当时双方签署的合同申请到了仲裁庭，仲裁庭根据李雷商贸公司的工商注册地址进行了邮寄送达，但是他没有收到，对此并不知情，也就没能参与仲裁庭的庭审。最终，仲裁庭裁决商贸公司需要将剩余的200万元货款支付给钢材厂并且需要承担相应的违约责任。由于李雷及商贸公司根本不知情，没能将质量不合格的事情进行反馈和用于答辩，也不可能申请撤销这个裁决，裁决生效后也没有按照裁决的要求支付剩余货款，就最终导致钢材厂到人民法院申请了强制执行，也就有了李雷买不了机票的事情。

最终，李雷为了赶回家为母亲做手术，不得不将200万元尾款及违约金支付给钢材厂。

也不仅仅是诉讼方面，在公司对外的合同履行方面，这个住所地也是非常关键，有时就是合同的重要补充和履行依据。

因为根据《中华人民共和国民法典》第五百一十一条【合同约定不明确时的履行】当事人就有关合同内容约定不明确，依据前条规定仍不能确定的，适用下列规定：

（三）履行地点不明确，给付货币的，在接受货币一方所在地履行；交付不动产的，在不动产所在地履行；其他标的，在履行义务一方所在地履行。

《最高人民法院关于适用〈中华人民共和国民事诉讼法〉的解释》第十八条：合同约定履行地点的，以约定的履行地点为合同履行地。合同对履行地点没有约定或者约定不明确，争议标的为给付货币的，接收货币一方所在地为合同履行地；交付不动产的，不动产所在地为合同履行地；其他标的，履行义务一方所在地为合同履行地。即时结清的合同，交易行为地为合同履行地。

在现实中，很多公司注册的时候都是用虚拟地址，也就是说注册地址跟实际的办公地址不一致；有的也会开始是一致的，但后来实际办公地址发生了变更，公司也不去公司登记部门办理变更登记；有的是怕麻烦，有的是感觉无所谓；有的还因为纠纷、躲债等原因故意更换新的场地。

而很多人不知道，这种无所谓的行为或者说是故意躲避的行为，会导致更大的麻烦。上面已经说到了诉讼中遇到的问题及在合同履行中办公地址的重要意义;不仅如此,市场监督管理部门日常也会到公司登记的办公地址进行实地核实,如果不一致的也会列入异常经营名录中,这样,合作伙伴、客户就会从全国信用查询系统中查询到这个异常的登记,这种异常登记不仅会导致你的信用度降低,情节严重的还可能使公司面临行政处罚。

《中华人民共和国公司法》第七条:公司营业执照应当载明公司的名称、住所、注册资本、经营范围、法定代表人姓名等事项。公司营业执照记载的事项发生变更的,公司应当依法办理变更登记,由公司登记机关换发营业执照。

《中华人民共和国公司登记管理条例》第二十九条:公司变更住所的,应当在迁入新住所前申请变更登记,并提交新住所使用证明。

《中华人民共和国公司登记管理条例》第六十八条:公司登记事项发生变更时,未依照本条例规定办理有关变更登记的,由公司登记机关责令限期登记;逾期不登记的,处以1万元以上10万元以下的罚款。其中,变更经营范围涉及法律、行政法规或者国务院决定规定须经批准的项目而未取得批准,擅自从事相关经营活动,情节严重的,吊销营业执照。公司未依照本条例规定办理有关备案的,由公司登记机关责令限期办理;逾期未办理的,处以3万元以下的罚款。

公司的住所地还是税务机关进行核算的依据,税务机关根据公司的住所来划分这个公司是否属于自己的管辖范围。很多地区还是有税收优惠的,成为税收洼地,如果公司利用好这点也能起到税务筹划的作用。

公司住所地一般被视为股东会及债权人会议召开的合理场所,对于以上会议,虽然法律没有明确规定在哪里召开,但是住所地属于公司的主要办事机构所在地,在这里召开会议是最合理的。这个地址的确定有利于预防别有用心的人故意在其他地方召开股东会。比如,一个在海南注册的房地产公司的执行董事兼法定代表人,在回哈尔滨老家时要在哈尔滨召开股东会,这样就给其他股东造成了很多不必要的麻烦。还有很多时候,如果大股东或者董事长不着急召开股东会或者董事会,而其他董事或者股东想要召开董事会、股东会时,此时的开会地址不能是随意确定的,应尽量在公司的住所,否则会被视为是恶意转移召开地址。

公司的住所也是公司各种文件存放的地方，很多时候股东的知情权是通过查账实现的，股东可以查阅公司的会计报告、会计账簿、股东会决议、公司章程等资料，有时控制公司的那一方可能会故意转移上述材料，如果股东要求行使知情权，合理的地方也是在公司的住所，或者双方另行协商确定的其他地点。

有关公司经营期限条款的设计

普通的章程条款：公司的营业期限为20年，自公司营业执照签发之日起计算。

公司营业期限届满，可以通过修改公司章程而存续。

公司延长营业期限应当办理变更登记，并依法于届满前向公司登记机关提出申请。

公司的经营期限是指公司的存续期限，分为固定期限和长期存续两种。选择固定期限的，公司登记部门一般最长也就给登记20年。对于那种长期存续的，正常情况下是需要永久存续下去的，除非出现股东会决定解散的情况、公司章程规定的解散事由或者是出现经营不善、不得不进行破产清算。

对于公司的经营期限这个问题，很多人会认为写多长时间都无所谓，可以随便填写，并且尽量写得长一些，这样就表明了大家是长久合作，不是临时凑一起赚点钱就散伙；即便就是想干几年完事，但很多人也会跟风写成20年。其实，公司的经营期限也有一定讲究。

《中华人民共和国公司法》第一百八十条规定，公司因下列原因解散：（一）公司章程规定的营业期限届满或者公司章程规定的其他解散事由出现及第七十四条规定，有下列情形之一的，对股东会该项决议投反对票的股东可以请求公司按照合理的价格收购其股权：（三）公司章程规定的营业期限届满或者章程规定的其他解散事由出现，股东会会议通过决议修改章程使公司存续的。

也就是说，公司的经营期限届满以后，正常情况下公司是需要进行清算然后解散的，股东可以对剩余的财产进行分配。但是，如果大家都想继续经营这家公司，便需要召开股东会来修改公司章程中有关经营期限的条例，将期限延长到需要的时间来达到给公司"续命"的效果；如果仅仅是部分股东想要继续经营，部分股东不想继续参与了，此时同样需要召开股东会来修改公司章程，并且需要同意的股东的占比达到有表决权的股东的三分之二以上才行。不仅如此，如果在股东会上存在投反对票的股东，他们是有权要求公司按照合理的价格收购其股权的，然后他们就拿钱走人了。

如果最初走到一起的是长期的战略投资者和短期的财务或者机会主义投资者，对这个企业将来实际存活的期限及各方参与的期限可能就会意见不一致了。这个时候，如果利用好这个条款，就可以使短期投资行为者和长期经营企业的企业家一起合作，大家共同创业，团结一致，努力经营；经过几年的经营达到了短期投资者的目标后，有些股东便可以出于退休享受生活或将股权变现去投资其他产业的考虑，将股权变现退出了；同时，对于想长期经营的企业家而言，他们可以通过变更公司章程继续经营公司，并获取长期利益。

设计好这个公司的经营期限，也可以防止小股东被大股东利用。小股东将资金投入到公司以后，公司经营得不错且可能连续几年一直盈利，但长此下去大股东就会同意不分红或者少分红，而公司的经营也可能不需要那么多的钱。但是公司里的那些多余资金，实际就是被大股东控制了，小股东一分钱拿不着，大股东却拿着资金为所欲为。

很多时候，财务投资者进行的就是短期投资，有的小股东也是为了短期获益，也有的投资者仅仅看好的是这个公司所在行业的前景。如果设计好了经营期限的条款，完全可以给小股东更多选择的余地，到期后即便经营情况发生了变化，他们也可以自主决定是否继续参与经营。

当然，对于要求公司以合理价格收购股权的股东，收购价格在法律上没有明确的规定，这就需要专门设计公司章程的有关条款了。

有关公司经营范围条款的设计

普通的章程条款：

公司经营范围：法律咨询（律师执业活动除外）；心理咨询；企业管理咨询；税务咨询；经济信息咨询；信息咨询（不含中介服务）；健康咨询；教育咨询（涉及文化教育、技能培训的除外）；市场调查；公共关系服务；创意策划服务；企业策划设计；企业管理服务；税务服务；商标代理；版权代理；婚姻服务（不含涉外婚姻）；家政服务；物业管理；会议服务；翻译服务；从事因私出入境中介服务；接受委托提供劳务服务（不含对外劳务合作、排队服务）；组织文化艺术交流活动；承办展览展示活动；设计、制作、代理、发布广告；软件开发；产品设计；应用软件服务；数据处理；技术咨询、技术推广、技术转让；技术检测（不含认证认可）；代理记账；专利代理；互联网信息服务；居家养老服务（法律、法规及国务院决定禁止或者限制的事项，不得经营；需其他部门审批的事项，待批准后，方可经营）。

公司改变经营范围，应当修改公司章程，并向登记机关办理变更登记。

公司的经营范围是指国家允许公司生产和经营的商品类别、品种及服务项目，反映企业业务活动的内容和生产经营方向，是企业业务活动范围的法律界限，是体现企业民事权利能力和行为能力的核心内容。

一般情况下超出经营范围的业务并不一定无效，但是还有很多无效的可能性，《中华人民共和国刑法》第一百六十五条国有公司、企业的董事、经理利用职务便利，自己经营或者为他人经营与其所任职公司、企业同类的营业，获取非法利益，数额巨大的，处三年以下有期徒刑或者拘役，并处或者单处罚金；数额特别巨大的，处三年以上七年以下有期徒刑，并处罚金。《中华人民共和国刑法》第二百二十五条违反国家规定，有下列非法经营行为之一，扰乱市场秩序，情节严重的，处五年以下有期徒刑或者拘役，并处或者单处违法所得一倍以上五倍以下罚金；情节特别严重的，处五年以上有期徒刑，并处违法所得一倍以上五倍以下罚金或者没收财产：（一）未经许可经营法律、行政法规规定的专营、专卖物品或者其他限制买卖的物品的；（二）买卖进出口许可证、进出口原产地证明及其他法律、行政法规规定的经营许可证或者批准文件的；（三）未经国家有关主管部门批准非法经营证券、期货、保险业务的，或者非法从事资金支付结算业务的；（四）其他严重扰乱市场秩序的非法经营行为。

可以看出，公司的经营范围非常的重要，它关系到公司的业务开展是否合法，及国有公司、企业的董事、经理利用职务便利，自己经营或者为他人经营与其所任职公司、企业同类的营业，获取非法利益是否构成犯罪的问题。

其实，除了国有公司、企业以外，民营企业也可以在公司章程中规定有关竞业禁止的条款。有关竞业禁止条款中竞业禁止的范围的主要参考依据，也就是本公司章程中记载的经营范围。这样可以起到有效防止公司的股东、董事、监事及高级管理人员利用职务便利，自己经营或者为他人经营与其所任职公司、企业同类的营业的作用，防止他们获取非法利益。

同时，公司的经营范围一经确定是不允许轻易更改的。比如，最初有人倡议一起搞电动汽车项目，但是大家出完钱了，而发起人利用大股东的身份却开始放弃电动汽车项目，搞上了小额贷款业务，这样就违背了股东的初心，有的股东可能就不愿意跟他一起合作了，他们就有权反对了，因为发起人的行为不符合公司的经营范围的规定。

如果大股东认为根据现有的实际情况真的有必要改变公司经营范围，就需要通过股东会来修改公司章程，从而达到修改公司经营范围的目的，并且需要经过股东会有表决权的三分之二以上的股东同意才行，同时还要听取工会的意见。

《中华人民共和国公司法》第十二条公司的经营范围由公司章程规定，并依法登记。公司可以修改公司章程，改变经营范围，但是应当办理变更登记。公司的经营范围中属于法律、行政法规规定须经批准的项目，应当依法经过批准。上例中，要经营小额贷款业务仅仅是通过股东会同意还是不可以的，还需要经过金融监管部门的批准的。并且值得注意的是，《中华人民共和国公司法》第十八条公司研究决定改制及经营方面的重大问题、制定重要的规章制度时，应当听取公司工会的意见，并通过职工代表大会或者其他形式听取职工的意见和建议。

所以，在最初设计公司经营范围的时候一定要考虑好，因为这关系到公司的经营范围是否合法、是否有有效和长期的发展方向和目标，有的甚至可能关系到是否涉嫌刑事犯罪的问题。

公司经营范围不仅仅和公司自身业务开展和发展有关系，如果设计得好，还能有效约束公司的股东、董事、监事及高级管理人员。所以，这一条设计好了，可以让公司合法经营、平稳发展，并能有效预防一些不正当竞争行为的出现。

公司的经营范围也不是为了限制股东、董事、监事及高级管理人员。经营范围不是越广越好，范围太广了，就有可能被管理层直接利用来从事非主要业务，改变了最初股东们一致定下来的公司的经营方向。同时，范围太广了也有可能会影响公司上市、挂牌，因为公司上市、挂牌是需要有明确的主营业务的，对于一般的中小企业而言，如果经营混乱、杂乱，必然也不会成为专业的公司，业务不会太突出，也不符合国家对上市、挂牌的要求。

有关注册资本条款的设计

普通的章程条款：公司注册资本为1万元人民币，为在公司登记机关登记的全体股东认缴的出资额。

公司的注册资本也叫法定资本，是公司章程规定的全体股东或者发起人认缴或者认购并在公司登记机关依法登记的资本总额。注册资本是公司赖以存在的基础，是股东以现金、实物、知识产权等可以评估作价的资产向公司转让或者承诺转让而形成的最初的公司资本总额，是公司日常经营、对外开展活动的经济基础。

《公司注册资本登记管理规定》第二条：有限责任公司的注册资本为在公司登记机关依法登记的全体股东认缴的出资额。股份有限公司采取发起设立方式设立的，注册资本为在公司登记机关依法登记的全体发起人认购的股本总额。股份有限公司采取募集设立方式设立的，注册资本为在公司登记机关依法登记的实收股本总额。法律、行政法规及国务院决定规定公司注册资本实行实缴的，注册资本为股东或者发起人实缴的出资额或者实收股本总额。

《中华人民共和国公司法》第二十六条：有限责任公司的注册资本为在公司登记机关登记的全体股东认缴的出资额。法律、行政法规及国务院决定对有限责任公司注册资本实缴、注册资本最低限额另有规定的，从其规定。

《中华人民共和国公司法》第八十条：股份有限公司采取发起设立方式设立的，注册资本为在公司登记机关登记的全体发起人认购的股本总额。在发起人认购的股份缴足前，不得向他人募集股份。股份有限公司采取募集方式设立的，注册资本为在公司登记机关登记的实收股本总额。法律、行政法规及国务院决定对股份有限公司注册资本实缴、注册资本最低限额另有规定的，从其规定。

从上面的规定可以看出，现在注册公司，多数情况下是可以随意地填写注册资本金额的，因为除了国家特殊要求的几类公司以外，都可以随意地认缴注册资本了。这个认缴注册资本实际上就是股东对公司的出资承诺，出多少完全看股东自己的意思。而很多人为了让公司看起来气派，显示公司资金实力故意写高公司的注册资本金。就连做个卖雪糕的小买卖也想弄个几千万的注册资本，反正再高的注册资本金也仅仅是认缴出资，不要求自己现在实际拿钱出来。写高了注册资本金后，再多写几年出资期限。比如写20年，自己能否活到公司章程上记载的那个出资期限还难说，最终的结果也就是面子有了，出资义务却不用真的承担。

真是这样吗？其实填写公司的注册资本还是需要多加考虑的，不能那么随性。设计一家公司的注册资本，应该从实际出发，注册资本够用就行。公司注册资本不是越多越好，没必要出于虚荣心、撑门面等原因而故意提高注册资本，否则容易导致股东承担没必要的责任。

对于有限责任公司，虽然股东是在认缴的范围内承担出资责任，也允许股东分期缴纳出资；但是，在《公司注册资本登记管理规定》和《中华人民共和国公司法》中都说得很明确了，股东要对公司的注册资本承担出资的责任，要对自己的承诺负责。

你的雪糕店本来几万块就能办下来，实际上连货架和产品一起也就花了几万块钱，你却认缴了1000万的注册资本，你就需要对这1000万承担责任，这是一种信誉，也是一种诚信的要求。虽然你写的认缴期限是20年，但是如果公司对外欠款较多或者发生了其他的意外事件。比如说你的雪糕出现质量问题被人家索赔了好几百万，又无法用公司的现有资产支付，此时，股东是要在他认缴的这1000万注册资本范围内承担连带责任的，也就是说如果公司资产不够用，股东自己就要对债权人向公司索赔的这几百万承担赔偿责任，并且不受自己写的20年出资期限的限制。

《最高人民法院关于适用〈中华人民共和国公司法〉若干问题的规定（二）》第二十二条规定：公司财产不足以清偿债务时，债权人主张未缴出资股东，以及公司设立时的其他股东或者发起人在未缴出资范围内对公司债务承担连带清偿责任的，人民法院应依法予以支持。

在成立公司时，不仅仅是要注意注册资本设计的问题，并且为了确认股东的出资情况，应当严格执行股东名册登记制度和股东出资证明出具制度，并完善公司备案登记手续。对于履行出资的股东，首先要在账簿中明确记载，并且需要将其认缴的金额及实缴出资情况登记在公司股东名册中，并向出资股东发放出资证明书，同时到公司登记机关进行备案登记；当发生股权转让、继承等变更情况时，应当及时变更公司的股东名册，并将原股东的出资证明书收回或者作废，对新的股东发放新的出资证明书，同时还需要去公司登记机关进行备案登记，以此来明确股东的资格及权利和义务。如果公司股东名册与出资证明书不一致，股东以公司的股东名册为准，行使对公司内部的股东权利；如果股东有其他能够证明公司股东名册登记错误的证据，可以通过司法途径进行维权，最终以司法判决为准，然后以此要求变更公司股东名册和公司登记机关的备案登记。

有关出资方式条款的设计

普通的章程条款：

股东的姓名或者名称、出资额、出资方式、出资时间及持股比例如下：

股东（或发起人）姓名或名称	认缴情况			实缴情况			余缴情况		
	出资额（万元）	出资方式	持股比例（%）	出资额（万元）	出资方式	出资时间	出资额（万元）	出资方式	出资时间
李雷	100	货币	50%	50	货币	2019年11月19日	50	现金	2039年11月18日
韩梅梅	100	专利技术	50%	100	专利技术	2019年11月19日	0		
合计	200		100%	150			50		

公司的注册资本都是由股东们进行认缴或者认购产生的，股东应该按期足额缴纳各自所认缴的出资额。

根据《中华人民共和国公司法》第二十七条和《公司注册资本登记管理规定》第五条的规定，股东或者发起人可以直接用货币出资，也可以用实物、知识产权、土地使用权等，可以用货币估价并可以依法转让的非货币财产作价出资。对作为出资的非货币财产应当评估作价，核实财产，不得高估或者低估作价。法律、行政法规对评估作价有规定的，从其规定。但是，法律、行政法规规定不得作为出资的财产除外，例如：劳务、信用、自然人姓名、商誉、特许经营权或者设定担保的财产等财产或者权利，已经明确股东或者发起人不得将其作价出资。

货币出资的股东直接将货币按期足额存入公司在银行开立的账户即可，即便是对于那些用贪污、受贿、侵占、挪用获得的资金来出资获得的股份，根据《最高人民法院关于适用〈中华人民共和国公司法〉若干问题的规定（三）》第七条的内容的规定，也是不能要求股东直接退股然后抽回资金，最多是就在将股权进行拍卖、变卖后获得的资金进行处置而已。其实，对于货币出资，股东一般就是直接拿钱出来就行了。对于其他的有形资产出资，例如土地、厂房、原材料等实物，出资时直接交付给公司，需要办理转移登记的，按时办理过户登记即可视为履行完毕了出资义务。只是，需要注意作价出资额，不要与实际价值差别太大。

在我处理过的一些问题或者案例中，关于出资方式的，容易产生争议的就是无形资产出资，对于商标、专利等无形资产很容易出现虚高的评估。这里的虚高主要是因为，经过一段经营的公司在进行改制、再次引入投资者的时候，持有人将一些隐性的投资、投入及其他无法计入公司经营成本的投入计算进去了。如果存在虚高评估，其他的股东一般不会认可，最终合同也无法达成一致；除非各方对这个价值达成了一致，但是达成一致后也可能会出现问题，如果这个无形资产出资的评估价值与实际价值背离很多，就会因此导致以无形资产出资的股东后期因为其他债权人的主张或者其他股东的出尔反尔，而需要补交差额部分的出资。所以，以无形资产出资时，股东之间一定要签署一份股东协议，专门对出资进行重点、明确的约定，同时也要做好相关的评估。评估的时候要本着实事求是的原则，并且需要将这些无形资产交付给公司，需要登记的登记后转移给公司。

有的人想用劳务、不可评估的非专利技术等资源出资，按照现有的法律规定是不允许在公司中用劳务出资的。但是现实中，很多人在创业的时候，都会吸引那些有特殊能力、资源的人来提供劳务、不可评估的非专利技术等资源，允许他们以这些劳务、不可评估的非专利技术等资源出资占股，但是法律不允许这么做。如果真的直接以劳务、不可评估的非专利技术等资源出资，在法律上也是无效的，很可能是活干了、资源出了，结果最终也没有获得股权，赔了夫人又折兵。如果真的需要以劳务、不可评估的非专利技术等资源出资，可以通过合法的手段设计合法方式达到以劳务、不可评估的非专利技术等资源出资的目的。

在公司章程中，可以通过变通，设计出一个可以用类似劳务、不可评估的非专利技术等资源出资的条款。比如：让这些以劳务、不可评估的非专利技术等资源出资的股东低价现金出资，甚至是象征性地出资1元，然后再在股东之间进行特殊的分红约定。这种特殊的约定是合法的，因为根据《中华人民共和国公司法》第三十四条的规定："股东按照实缴的出资比例分取红利；公司新增资本时，股东有权优先按照实缴的出资比例认缴出资。但是，全体股东约定不按照出资比例分取红利或者不按照出资比例优先认缴出资的除外。" 也就是无论出资多少，只要有特殊的约定，完全可以不按照出资比例分红。

即便是这些以劳务、不可评估的非专利技术等资源出资的股东，想要在股东会中得到相应的表决权，对企业也没什么影响，因为以劳务、不可评估的非专利技术等资源出资的股东的持股比例一般也不会太高，对于股东会的决定也不会有太大的影响。如果真的需要，也可以在公司章程中进行特殊约定，因为根据《中华人民共和国公司法》第四十二条的规定："股东会会议由股东按照出资比例行使表决权；但是，公司章程另有规定的除外。"因此，这里可通过特殊约定的方式，保证劳务、不可评估的非专利技术等资源出资的股东的表决权。

其实，在存在以劳务、不可评估的非专利技术等资源出资的公司中，其他的股东也会担心提供劳务、不可评估的非专利技术等资源的股东，能否真正提供有价值的劳务及其他资源，如果提供不了，股权已给了人家怎么办呢？

实际上，这种担心不是没有必要的，所以建议在股东协议或者章程中加入类似于对赌的条款，甚至可以做一个股权激励计划，以股权激励的方式实现提供劳务、不可评估的非专利技术等资源股东的股权。这样，更好地解决以劳务、不可评估的非专利技术等资源出资的问题。

有关出资期限条款的设计

普通的章程条款：

股东的姓名或者名称、出资额、出资方式、出资时间及持股比例如下：

股东（或发起人）姓名或名称	认缴情况			实缴情况			余缴情况		
	出资额（万元）	出资方式	持股比例（%）	出资额（万元）	出资方式	出资时间	出资额（万元）	出资方式	出资时间
李雷	100	货币	50%	50	货币	2019年11月19日	50	货币	2029年11月18日

股东（或发起人）姓名或名称	认缴情况			实缴情况			余缴情况		
	出资额（万元）	出资方式	持股比例（%）	出资额（万元）	出资方式	出资时间	出资额（万元）	出资方式	出资时间
韩梅梅	100	货币	50%	50	货币	2019年11月19日	50	货币	2029年11月18日
合计	200		100%	100			100		

　　根据《中华人民共和国公司法》及《公司注册资本登记管理规定》的规定，股东是可以分期缴纳出资的，股东按照在公司章程中记载的方式、时间，依法缴纳出资即可。既然给了大家分期缴纳出资的权利，所以很多人都尽量将出资期限放长，一般都会设定20年的出资期限，在实际经营中需要资金时，往公司里面划拨即可，提前打入公司用不了也是浪费，同时股东也会感觉拥有一些自主权利，也更安全。

　　据我个人为公司提供服务过程中总结的经验，实际上这样的做法未必有利于公司的发展。公司的日常经营及发展必须要有资金作为支撑，例如：需要资金去购买设备、支付人员工资等；如果都写成20年内缴清，而在这个期限内有的股东出了，有的股东长期不出资，就想着搭已经履行出资义务股东的顺风车怎么办？若此时没出资的股东还以公司章程约定了20年的期限为由，认为自己的做法没错，那么他们可能等到最后一天缴纳出资，但是分红时，还要按照持股比例分配，如果你遇到这样的股东怎么办？

　　所以，建议股东之间最好根据公司的经营计划制订出资金使用计划，并根据资金使用计划来确定公司章程中出资时间的有关条款，这样有利于公司资金的合理安排，也有利于督促股东履行出资义务，以免在出现大额资金使用需求时，部分股东因为某些原因不能出资还理直气壮地不承担任何责任。

　　有的人则担心写早了出资期限会对自己的资金使用造成压力，如果公司负债却无法用公司资产偿还时，需要自己补足出资，这可能会影响自己的信用记录和其他业务的资金使用计划。其实不然，之前已经介绍过了，如果公司负债，你没有出资，你也不能以没有到出资期限为由而逃避债务。虽然章程上记载的认缴期限是20年，但是如果出现公司欠款，无法用公司的资产支付的情况，股东是要在他认缴的范围内承担连带责任的，并且不受自己写的这个20年出资期限的限制。因为根据《最高人民法院关于适用〈中华人民共和国公司法〉若干问题的规定（二）》第二十二条规定："公司财产不足以清偿债务时，债权人主张未缴出资股东，以及公司设立时的其他股东或者发起人在未缴出资范围内对公司债务承担连带清偿责任的，人民法院应依法予以支持。"

认缴出资期限的约定实际上是为了鼓励创业，节约股东的资金使用成本，让股东合理安排出资，但这种安排也要满足公司的经营需求。有了认缴出资期限，股东也要根据公司的发展需要，逐步实缴出资；但是，当公司对外发生欠款，债权人要求股东就公司未能清偿的部分，在股东认缴的出资范围内承担补充责任也是符合这个理论要求和法律本意的。

所以，根据公司的发展需要，可以设计出分期、分次缴纳出资的条款，也可以根据实际情况授权股东会在股东们最终的认缴期限到期前，可以根据经营需要要求股东提前缴纳出资。这样，也可以预防其他股东借用章程记载的最长期限而恶意拖欠实际需要的出资款项。

可以将条款进行特殊的设计，比如：全体股东应当按照上述约定的最晚期限前，缴纳完毕全部出资；如果逾期缴纳的应当根据逾期金额按照每日××%向公司缴纳逾期赔偿金。

公司股东会可以根据公司的经营需要，要求股东在最终的认缴期限到期前，要求股东提前缴纳出资，该项变更出资期限的股东会决议需要经过三分之二以上的股东通过方可生效；提前缴纳出资的各股东按照认缴出资比例进行缴纳，不得单独要求某个股东或者部分股东提前缴纳出资，但是股东自愿提前缴纳的除外。

股东未按期限缴纳全部出资的，经过催告后在合理期间内仍未缴纳出资的，公司可以在股东会上以股东会决议解除该股东的股东资格，公司将依法办理法定减资程序或者由其他股东受让该部分股权，其他股东均要受让该部股权且各方达不成一致意见的，则各方股东按照实缴出资比例受让并按照股东会决议进行实缴出资。

如果股东仅仅是部分未按照期限缴纳出资，经过催告后在合理期间内仍未全部缴纳到期出资的，经其他股东在股东会上表决形成股东会决议；可以按照未按期缴纳出资对应的部分来降低其持有的股权比例，该部分股权由公司依法办理法定减资程序或者由其他股东受让该部分股权，其他股东均要受让该部分股权且达不成一致意见的，则各方股东按照实缴出资比例受让。同时公司有权要求未履行或者未全部履行出资义务的股东向公司承担赔偿责任。

有关出资证明书条款的设计

普通的章程条款：股东履行出资义务后一日内公司向其发放出资证明书。

出资证明书是股东作为股东向公司出资的证明，证明其是公司的所有权人，是股东享有法律、法规及公司章程规定的合法权利的依据，尤其是股东应该按照实缴出资享有的权利的依据。在实缴出资后，在一定期限内由公司向出资股东发放以确认其出资。

当股权发生变化、股东转让股权、增加或减少注册资本、公司名称及出资证明书上的主要内容发生变更等情况出现时，公司应当收回原来的出资证明书，向股东发放新的出资证明书。

如果股东持有的出资证明书丢失，应当向公司挂失并申请补办出资证明书，同时在公司所在地及业务所在地所属的省一级或者上级的报纸上进行公告挂失作废，然后由公司在一定的工作日内给予补办。

出资证明书应当包含下列事项：

（1）公司名称；

（2）公司的社会信用统一代码；

（3）公司成立日期；

（4）公司注册资本；

（5）持有出资证明书的股东的姓名或者名称；

（6）持有出资证明书的股东的住所及通信地址；

（7）持有出资证明书的股东的实际缴纳出资的金额与日期；

（8）出资证明书的编号和核发日期；

（9）由公司的法定代表人签名并加盖公司公章。

并且出资证明书应当一式两份并且在两份出资证明书上盖上骑缝章。

有关出资名册条款的设计

普通的章程条款：无。

很多人认为股东名册基本上没有什么技术含量，很多小公司也都没有股东名册，尤其是三五个人的小公司，大家都是熟人，自己的手机里都有联系方式，都知道谁是股东，就连股东的家都能找到，干吗还非要做个股东名册呢？

股东名册是指由公司备存的，记载股东个人信息和股权信息的法定簿册。有时候，股东可能会随时进行股权转让并且有可能是私下转让，未及时通知公司，这样就有可能导致实际信息与公司掌握的信息不一致，就会出现不同的主体基于同一股权向公司主张权利的情况；也有可能出现股东名册与出资证明书不一致的情况；甚至有可能出现股东失联通知不到或者通知后不来参加股东会的情况等。

这些情况出现时就需要有一个判断依据，这个依据就是我们合法登记的股东名册。如果在股东名册和股东持有的其他文件不一致，原则上以股东名册为准，除非有其他充足的证明并经过司法判决确定；对于向股东通知参加股东会，股东不来或者甚至失联的情况，都需要做律师见证和进行报纸公告，既浪费时间又提高了资金成本。如果公司的股东名册明确记录了股东的基础信息和通信方式，按照记录的通信方式进行送达是没有问题的。

根据《中华人民共和国公司法》第三十二条有关股东名册的规定，有限责任公司应当置备股东名册，记载下列事项：

（一）股东的姓名或者名称及住所；

（二）股东的出资额；

（三）出资证明书编号。

记载于股东名册的股东，可以依股东名册主张行使股东权利。

当股东转让股权后，公司应当注销原股东的出资证明书，向新股东签发出资证明书，并相应修改公司章程和股东名册中有关股东及其出资额的记载，对公司章程的该项修改不需再由股东会表决。

有关股东权利、义务条款的设计

普通的章程条款：无。

很多公司的章程对股东权利、义务的内容没有进行特殊的设计，股东权利的相关条款主要是散见于公司章程的分红条款、知情权条款、表决权条款及会议召集条款等内容；股东义务的条款主要包括出资义务条款、竞业禁止条款等内容。由于是散见于各个部分，很多人对这方面内容没有系统的认识；所以我认为还是有必要系统地给大家阐述一下，以便于更好地了解自己享有的权利和承担的义务。

（一）股东享有的权利概述：

1. 依照其持有的股权及出资享有利润分配及其他利益分配的权利；

2. 依法请求、召集、主持、参加或者委派股东代理人参加股东会并行使相应的表决权；

3. 选举和被选举为董事、监事的权利；

4. 对公司的经营进行监督，提出建议或质询；

5. 依照法律、法规和公司章程的规定转让、赠与或者质押所持有的股东的权利；

6. 依照法律、法规和公司章程的规定行使查阅复制的权利；

7. 公司解散或者终止的时候，享有依法剩余财产的权利；

8. 在公司股东会作出公司合并、分立决定时，提出反对意见的股东享有要求公司收购其出资的权利；

9. 代表公司参加诉讼的权利；

10. 法律、法规及公司章程规定的其他权利。

（二）股东需要承担的义务概述：

1. 遵守法律、法规及公司章程的义务；

2. 认缴出资金额和按期缴纳出资的义务；

3. 除法律规定的情形外，不得要求公司回购股权的义务；

4. 不得利用股东权利损害公司或者其他股东的利益；

5. 公司股东滥用股东权利给公司或者其他股东造成损失的应当依法承担赔偿责任；

6. 公司股东滥用公司法人独立地位和股东有限责任，逃避责任，严重损害债权人利益的，应当对公司债务承担连带责任；

7. 不得抽逃出资或挪用公司资金；

8. 法律、法规和公司章程规定应当承担的其他义务。

有关出资瑕疵、抽逃出资的股东权利限制条款的设计

普通的章程条款：无。

很多法律工作者知道什么是出资瑕疵和抽逃出资，但是很多企业家还是不太了解这些抽象的概念。现在，了解一下什么是瑕疵出资和抽逃出资。

瑕疵出资是指出资人违反公司法和公司章程的规定，未足额出资或出资的财

产权利存在瑕疵。这里说的瑕疵出资不包括根本未出资和履行出资义务、部分逾期缴纳出资及以非货币性财产出资的财产的实际价值与登记或记载价值不符的情况或行为，这些情况或行为在出资方式和出资期限中，已经和大家分享了，不再过多重复。

抽逃出资是指在公司成立后又抽逃其出资。常见的抽逃出资的形式主要表现为：（一）制作虚假财务会计报表虚增利润进行分配；（二）通过虚构债权债务关系将其出资转出；（三）进行虚假的关联交易转移出资。

瑕疵出资和抽逃出资不仅仅是没出资或者拿回出资那么简单，这种行为既可能影响债权人实现债权，也是对其他依法履行出资义务股东的权利的侵害。逾期出资、出资不实、抽逃出资的股东可能是大股东，掌握着公司的控制权，并且按照章程记载的出资比例行使表决权和分红的权利，这都将导致其他依法出资的股东的权利受到侵害和影响。

很多公司的章程就没有设计有关出资瑕疵、抽逃出资的权利限制条款，很多人也认为没有必要设计，因为现在国家施行认缴制度。

其实不然，在《中华人民共和国公司法》修改以后，2014年4月24日，第十二届全国人民代表大会常务委员会第八次会议通过了《全国人民代表大会常务委员会关于〈中华人民共和国刑法〉第一百五十八条、第一百五十九条的解释》，其中规定："刑法第一百五十八条、第一百五十九条的规定，只适用于依法实行注册资本实缴登记制的公司。"最高人民检察院、公安部《关于严格依法办理虚报注册资本和虚假出资抽逃出资刑事案件的通知》规定，根据新修改的公司法和全国人大常委会立法解释，自2014年3月1日起，除依法实行注册资本实缴登记制的公司（参见《国务院关于印发注册资本登记制度改革方案的通知》（国发〔2014〕7号〕）以外，对申请公司登记的单位和个人不得以虚报注册资本罪追究刑事责任；对公司股东、发起人不得以虚假出资、抽逃出资罪追究刑事责任。对依法实行注册资本实缴登记制的公司涉嫌虚报注册资本和虚假出资、抽逃出资犯罪的，各级公安机关、检察机关依照刑法和《立案追诉标准（二）》的相关规定追究刑事责任时，应当认真研究行为性质和危害后果，确保执法办案的法律效果和社会效果。也就是说国家把抽逃注册资本的罪行的刑事责任的主体范围限定到了需要进行实缴的公司范围内了。

因为股东享有权利的基础就是其对公司的出资或者是出资承诺，但如果违背了出资义务出现瑕疵出资或者抽逃出资的行为，享有股东权利的基础也就没有了。虽然法律明确了追究抽逃出资的刑事责任的主体仅限于实缴制度的公司，但是，对于非实行实缴制度的公司股东抽逃出资、瑕疵出资行为的民事及行政责任都还没有免除。

虽然理论上是没有免除民事和行政责任，但是因为以前有刑事责任的约束，股东可能还不敢轻易抽逃出资或者违反章程出资条款的规定。现在，因为没有了刑事责任的约束，违规成本也就降低了，出现抽逃出资及瑕疵出资的情况就更多了。法律对于如何限制瑕疵出资、抽逃出资的股东权利方面的规定也不多，现有的一些规定也不是很明确，主要是由公司自己灵活掌握。为了防止出现抽逃出资或者瑕疵出资的情况，也就更要求我们在公司章程中对这些情况进行专门的设计，进行详细的规定，进而发挥好公司这个"宪法"的作用。

对于这类条款，我的建议如下：

对于逾期出资、出资不实和抽逃出资的股东，股东会有权要求其在30天内补缴出资差额部分；并且对于逾期出资、出资不实和抽逃出资的股东仅按照其实际出资所占的比例（金额）享有表决权和分红的权利，逾期出资、出资不实和抽逃出资的部分股权不享有表决权和分红的权利，且需要因此承担给公司和其他股东造成的全部损失，这种损失的承担方式可以进行列举，比如由逾期出资、出资不实和抽逃出资的股东承担给股东造成的损失的全部责任（包括但不限于因此产生的融资利息、维权产生的律师费、申请财产保全的保函费用、保全费、诉讼费等），并且支付的金额不得低于按照应出未出部分金额、出资不实部分金额、抽逃出资部分金额直至付清全部款项之日前以每日千分之五计算的赔偿金；如果经过催告后30天内，仍未全部缴纳到期出资的，经其他股东在股东会上表决形成股东会决议，可以按照瑕疵出资部分或者抽逃出资部分对应的股权来降低其持有的股权比例，该部分股权由公司依法办理法定减资程序或者由其他股东受让该部分股权，其他股东均要受让该部分股权且达不成一致意见的，按照实缴出资比例受让。同时公司有权要求未履行或者未全部履行出资义务的股东，向公司承担赔偿责任。

有关分红条款的设计

普通的章程条款：股东按照实缴的出资比例分取红利。

这个有关分红的章程条款其实很有道理的，出多少钱就按照多少分红是一件理所当然、天经地义的事情，这还需要另行设计吗？

一般人经营公司的目的就是为了盈利，然后分红，社会责任当然也会有，但是不可否认的是，公司在法律上的定义就是经营法人。股东设立公司的目的就是为了赚钱，就是为了分取利润。那么，开办公司的这些股东们如何分配利润呢？是按照持股比例分配？还就是按照出资多少计算？还是要参考别的因素来决定如何分配呢？

在谈论如何分红之前，先要了解一下公司分红的条件是什么，然后才是了解决定分红的基础因素，以及每个股东按照什么比例分红的问题。

股东分红的基础是公司的盈利，公司要先用盈利去填补上一年度的亏损，然后再提取法定公积金和任意公积金，最后剩的部分才是可供分配的利润；可供分配的利润也不一定都会被分配，需要再根据股东会的决议进行利润分配。

公司的税后利润应当按照下列顺序进行分配。

第一步，弥补公司的亏损。

公司亏损是指在一个会计年度内，公司的收入低于公司的全部成本、费用及其损失的总和。在公司存续期间内，公司应当经常保持与其资本相当的实有财产。当公司有利润时，首先用利润弥补公司的亏损，使公司的资本得以保全。

第二步，提取法定公积金。

法定公积金可以转为公司的资本金，转为资本时，所留存的该项公积金不得少于转增前公司注册资本的百分之二十五。资本公积金不得用于弥补公司的亏损。

公司当年的税后利润在弥补亏损后，如果仍有剩余，应当提取10%的法定公积金。公司的法定公积金累积金额达到公司注册资本的50%后，可以不再提取，公司不得削减法定公积金的提取比例。

第三步，提取任意公积金。

公司除了提取法定公积金以外，可以根据公司的实际情况，在提取了法定公积金后，由股东会或者股东大会决定另外再从税后利润中提取一定的公积金。此部分是公司自行决定提取的，不是法律强制要求的，被称为任意公积金。任意公积金提取多少，由公司自行决定。任意公积金可以用于弥补公司的亏损、扩大公司生产经营或者增加公司资本。

第四步，股东会决定分红。

剩余的部分，根据公司章程及股东会决议进行利润分配和支付。下面我们再讨论一下决定利润分配的因素。

一般情况下，合作各方都是按照出资比例分取公司的股权。以前，资金比较缺乏，创办公司主要依靠的就是资金，因此出资方基本上都是按照资金的多少分配股权，分红也是按照出资比例。大家基本上有个普遍的认识，就是股东之间应当按照持股比例分配利润。这几年，随着科技的发展、企业经营模式的创新，各种市场、生产要素的丰富，资金的重要性比以前有所降低。其他的例如劳务、知识产权等要素的重要性不断提升。在实务操作过程中，我们经常会遇见有资金的未必有能力操作，实际操盘的经营管理团队又没有资金的情况，但是如果仅仅按照出资比例分红经营管理团队可能就成了普通的打工者了，会导致其不愿意合作。所以法律给了一些指导性的意见，允许股东之间协商处理这个问题，可以在分红时不按照出资比例。公司要结合背景、能力、资源、诉求等方面的因素，在红利分配上做适当倾斜。那么，决定分红比例的因素是不是也要发生一些变化呢？

答案是肯定的。我们必须与时俱进，允许资金以外的生产要素作为股东参与公司利润分配的基础。《中华人民共和国公司法》第三十四条规定：股东按照实缴的出资比例分取红利；公司新增资本时，股东有权优先按照实缴的出资比例认缴出资。但是，全体股东约定不按照出资比例分取红利或者不按照出资比例优先认缴出资的除外。这里面的但是部分就是其他非资金部分因素参与公司利润分配的依据。

这也就给了"优先股"产生的土壤和营养，优先股允许部分股权持有人优先于普通股股东分配公司利润和剩余财产，但优先股股东参与公司决策管理等权利受到限制。实际上，我国公司法并未明确设计优先股制度，目前国务院层面也仅在开展优先股的试点工作，且限于特定的股份有限公司。但就有限责任公司而言，公司法允许股东在公司章程中，就利润分配的内容进行特殊的约定，允许公司红利分配方式由股东约定。这一规定，实际上就是对有限责任公司的"优先股"制度制定的一种授权。也就是说，股东之间原则上是按照实缴出资比例分红，按照出钱的比例分配，但是全体股东可以另行约定别的方式。比如按照认缴出资比例，施行优先股模式，采用ＡＢ股制度，或者干脆约定按照一个特殊的固定比例等，也可以考虑将是否参与公司经营作为分红的因素等。

如果是有限公司，我们可以设计成不按照出资比例进行分红的模式，因为很多时候，一些公司的经营管理团队可能不是投入资金最多的股东，他们与财务投资股东的区别就是日常的付出多一些，全身心投入公司经营管理中。他们也可能是对公司利润创造贡献最多的股东，为了平衡这一些因素，可能会在分红上进行相应的调整，因此经营管理团队也可能会比仅仅出资的股东多分一些红利。

不仅仅是人合性较强的有限责任公司是这样，以资合性为主的股份公司也是可以有所变通的。因为《中华人民共和国公司法》第一百六十六条规定：公司弥补亏损和提取公积金后所余税后利润，有限责任公司依照本法第三十四条的规定分配；股份有限公司按照股东持有的股份比例分配，但股份有限公司章程规定不按持股比例分配的除外。

具体问题，我们需要进行具体分析。现在，很多时候是公司注册资本虚高，股东没有按照注册资本的出资比例投入资金，这时候分红可以按照实缴出资比例进行；但是有时候又有特殊情况，可能会给一些具有特殊情况的股东（股权激励对象、有特定资源的人等）进行分红，但是，这些股东可能开始不实缴出资，公司的运营资金主要是大股东、财务投资人投入，所以这个时候也需要进行区别对待，可能会采用认缴出资的方式进行红利分配。

举个例子：

李雷家境富裕，除了父辈留下的资产以外，基本上就只会写自己的名字了。当然，他也想创业，想像他父亲一样创办一个"商业帝国"，于是，他便找到了一个科技人才韩梅梅，想和韩梅梅合作创办一家科技公司。因为韩梅梅懂技术，这个公司没有她不行，但是这个科技项目启动资金就需要100万元，韩梅梅只能出20万元，李雷则表示自己可以出剩余的80万；韩梅梅担心自己仅仅出资20万，但主要的工作都是自己负责，如果将来盈利了自己仅能分到20%的利润，似乎自己就成了给李雷打工的一样，于是就不太愿意和李雷合作。但李雷提出，虽然自己出资80万、持股比例为80%，韩梅梅出资20万、持股比例为20%，但是分红时不按照出资比例分红，可以让韩梅梅分走利润的40%，他们为此还专门约定了一个分红的比例，并写入了公司章程。

像这样的分红比例约定，写入公司章程就是有效的约定，股东之间就不再按照出资比例、持股比例进行利润分配了。

在有限责任公司中不仅仅可以如此操作，其实也可以变通一下。不是所有的项目投入都需要计入注册资本，即便李雷和韩梅梅的公司需要投入100万元，但是完全可以约定注册资本就是10万，其他90万由股东无偿或者低息出借给公司，公司盈利后首先偿还股东的借款。这样注册资本是10万，韩梅梅可以出资4万元，李雷出资6万元，其他的资金由李雷出借给公司74万元，韩梅梅出借给公司16万元，他们出借给公司的钱收回后，就按照出资比例分配利润即可。

如果注册资本还是需要100万元，其实李雷和韩梅梅也可以约定按照认缴出资比例分配利润，然后李雷认缴出资60万元，韩梅梅认缴出资40万元，这样认缴的注册资本就是100万了，分红也按照这个认缴的出资比例进行；然后韩梅梅可以在取得分红后将认缴的部分全部实缴，前期需要使用资金时也可以先向李雷进行借款，取得收入后再归还给李雷。其实，以上方式也有利于检验韩梅梅掌握的科技是否有价值，是否可以转化为现金。

而公司法中的这句"全体股东约定不按照出资比例分取红利的除外"，也演变出多种方式，给了股东更多的自由；但无论按照什么样的方式，如果不是按照实缴出资比例，最好在公司章程中进行一些特殊的约定。

例如下面这个例子：

一家房地产开发公司有两个股东，一个是李雷，懂得公司经营运转，另一个是韩梅梅，主要负责技术，他们两个的出资比例分别是70%、30%；但是全部运营资金都是李雷实际投入的，韩梅梅则主要负责技术。如果约定按照实缴出资比例分红，韩梅梅可能就会比较消极，因为干了活却拿不到分红，这种分红方式可能就无法促成她和李雷的合作。随后经过律师的建议，约定按照认缴出资比例分红，韩梅梅在公司盈利后可以分取部分利润，只是后期需要对认缴的出资部分进行实缴，并且可以通过获得分红后再进行实缴出资。

这个案例中的办法多数初创企业可以采用，公司进行股权激励时也可以采用。

作为律师，我建议，既然法律给了我们这个权利，我们就要利用好，考虑好公司各个股东的角色，利用好分红权利、"优先股"等制度，实现公司的控制权、所有权、经营权相分离的目的。

有关股权转让条款的设计

普通的章程条款：股东之间可以相互转让其全部或者部分股权。股东向股东以外的人转让股权，应当经其他股东过半数同意。股东应就其股权转让事项书面通知其他股东征求同意，其他股东自接到书面通知之日起满三十日未答复的，视为同意转让。其他股东半数以上不同意转让的，不同意的股东应当购买该转让的股权；不购买的，视为同意转让。经股东同意转让的股权，在同等条件下，其他股东有优先购买权。两个以上股东主张行使优先购买权的，协商确定各自的购买比例；协商不成的，按照转让时各自的出资比例行使优先购买权。

有限责任公司的股东进行股权转让分为对内转让和对外转让两种模式，对内转让就是在现有股东之间进行股权转让，对外转让是指股东将其持有的股权转让给现有股东以外的第三方。区分这两种股权转让行为，主要是因为有限责任公司具有人合性；股份公司因为更注重资合性，股份公司的股东转让股份则没有内外的区分和征得其他股东同意的限制。公司法对于股份公司的股权转让也没有特殊的规定，就不再过多阐述。

投资界有句话"投资就是投人"。其实，创业也是一样的。股东在创业时，选择合作者的标准一般就是合作者的人品、资金实力、能力和资源，这是我们所说的人合性的体现，尤其是有限责任公司，它们对人合性的要求更高。有限责任公司是人合属性很强的经济组织，股东之间基本上都是熟人，互相之间的信任是合作的基础；有限责任公司主要是基于股东之间的信赖建立起的公司，为了维持公司内部股东之间的信赖和公司内部的稳定，就需要维护股东的稳定性，即便有人想要转让其持有的公司股权，也要优先考虑公司的现有股东，防止公司外部人借机进入公司，导致股东之间不和睦。

所以，在股东间转让股权时，因不会引入新的股东，故无须其他股东同意；但是如果需要引入新的股东，就需要看其他股东是否认可了。否则，其他股东可以行使优先购买权来阻挡陌生人介入。

为了维护这种稳定关系，国家也将这种做法上升到了法律层面，《中华人民共和国公司法》第七十一条规定，有限责任公司的股东之间可以相互转让其全部或者部分股权。股东向股东以外的人转让股权，应当经其他股东过半数同意。股东应就其股权转让事项书面通知其他股东征求同意，其他股东自接到书面通知之日起满三十日未答复的，视为同意转让。其他股东半数以上不同意转让的，不同意的股东应当购买该转让的股权；不购买的，视为同意转让。经股东同意转让的股权，在同等条件下，其他股东有优先购买权。两个以上股东主张行使优先购买权的，协商确定各自的购买比例；协商不成的，按照转让时各自的出资比例行使优先购买权。公司章程对股权转让另有规定的，从其规定。《中华人民共和国公司法》第七十二条规定，人民法院依照法律规定的强制执行程序转让股东的股权时，应当通知公司及全体股东，其他股东在同等条件下有优先购买权。其他股东自人民法院通知之日起满二十日不行使优先购买权的，视为放弃优先购买权。

通过以上法条的规定，可以看出公司的股东对外转让股权的时，需要经过其他股东过半数的同意。其他股东同意转让后，其他股东还是拥有优先购买权的，这就维护了有限责任公司的人合性的特点，不是随便一个人都能成为公司的股东，否则会有泄露公司的商业秘密，甚至影响公司的经营、发展的风险。

比如，李雷和韩梅梅一起开办了一家房地产开发公司，公司注册资本是1 000万，李雷和韩梅梅各出资500万，各自占股50%。如果李雷想要转让公司的股权，则需要得到韩梅梅的同意，如果不需要得到韩梅梅的同意，李雷将其全部的股权转让给了韩梅梅的情敌刘晓燕怎么办？两个人如果一起开股东会，会不会打起来呢？这样不就是坑了韩梅梅了吗？说转给韩梅梅的情敌有点极端和不太现实，但是转给韩梅梅不喜欢的人是有可能的。为了避免这种情况的出现，就要求先征得韩梅梅的同意。

如果韩梅梅同意转让，正常转让就行了；但是如果韩梅梅不同意转让怎么办呢？如果韩梅梅不同意转让，她就需要购买，并且购买的条件必须达到李雷卖给第三方的条件，这个条件主要是转让价格，还包含付款方式及其他的一些条件。

如果公司的股东就是要对外转让股权怎么办呢？如果公司章程中没有特殊的设计，即便是李雷想要对外转让，韩梅梅也是拥有优先购买权的。如果因为股权转让导致股东只有一个了，就要及时到公司登记部门将公司的形态变更为一人有限公司,但这种变更不属于公司性质的变更。

法律中有关股权转让的规定,实际主要说的是股东的优先购买权的保护问题。接下来我们了解一下有限责任公司的章程中对股权转让优先购买权条款的设计。

首先,我们理解了正常情况下对现有股东以外的人转让股权,其他股东是有优先购买权的。那么,如果是因为股东去世,发生继承的情况呢?

其实,对于继承而言,股东不是通过市场对外转让股权,这样就无法去衡量优先购买权行使的基础。优先权行使首先要有一个平等的基础条件,现有股东只有在与这个现有的基础条件一致或者说差不多的情况下才有优先购买权;但是,继承是基于一种亲属身份关系,这种关系其他股东一般是没有的,同时也无法在发生继承事实后人为的创造,所以根本不涉及优先购买权的问题。并且《最高人民法院关于适用〈中华人民共和国公司法〉若干问题的规定(四)》第十六条进行了明确的规定:有限责任公司的自然人股东因继承发生变化时,其他股东主张依据公司法第七十一条第三款规定行使优先购买权的,人民法院不予支持,但公司章程另有规定或者全体股东另有约定的除外。这也就是说,还是有办法限制继承人继承公司股权的,只要公司章程另行规定就行,如果股东认为自己的继承人或者其他股东的继承人不适合经营这家公司,例如参与进来很可能导致公司经营失败,就可以直接在公司章程中进行限制,可以由其他股东优先购买,并且在公司的章程中明确约定计算股权价格的标准和依据。比如可以参照公司近一年以内的评估情况、现有的净资产状况及最近一期的融资情况等。

上文我们也提到了行使优先购买权的基础条件,即对外转让股权的条件,这个条件包含了数量、价格、付款进度及其他的附属条件等,也就是说,该条件并不仅仅是一个价格能决定的,需要综合判断;并且这个条件需要明确地告诉给其他股东,让其他股东知道这个条件,然后选择是否行使优先购买权。

还有一个问题就是对外转让的股权时,对于转让的股权,其他股东能否以行使优先购买权为由拆开,通过行使优先购买权仅仅受让部分股权呢?

答案是不可以，因为对外转让50%的股权与转让49%的股权的意义和价值是不一样的，不同比例的股权有不同的权利和价值。如果其他股东仅仅用优先购买权购买其中的1%，剩下的49%的股权的价格和价值也就可能会大打折扣。所以，这样的部分行使优先购买权的行为是不可取的。

还有一点值得注意，公司法没有明确股东行使优先购买权的期限，仅仅说了对外转让书面征求同意的时间是30日，但是其他股东同意以后并不代表其放弃了优先购买权，那么，行使优先购买权的期限是多久呢？从什么时间开始计算呢？

我认为应当是告知或者是其他股东明确知道了对外转让股权的条件时，开始计算是否行使优先购买权的期限。这个期限应当设定一个合理的时长范围，公司法没有明确的规定，但是可以参照法院拍卖股东股权的条款，其他股东自人民法院通知之日起满二十日不行使优先购买权的，视为放弃优先购买权。那么，我个人认为这个合理期限也是可以参照这个二十日的，有其他约定也是可以的，这可以在公司的章程中明确约定一下。

有限责任公司为什么有上述的限制，我们已经可以理解了，这样的限制有利于保护公司的人合性；但是，这样的规定有时也会导致小股东权益受到损害的时无法及时退出。

还是用李雷和韩梅梅举个例子。

一家房地产开发公司有两个股东，一个是李雷，占股91%；一个是韩梅梅，占股9%。公司经营基本上都是李雷一个人说了算，韩梅梅根本就不能参与到公司经营中；这家公司也基本上不分红，韩梅梅想转让公司股权，可不熟悉公司内部情况的人根本不会接手；即便是熟悉公司情况、知道公司盈利的人也怕进来后得到跟韩梅梅一样的结果，所以韩梅梅基本上算是被套牢在这个公司中了，解散公司都不那么容易。

所以，建议大家在制定公司章程时，也要充分考虑这个因素，利用好法律给的权利去制定符合本公司的制度和条款；综合考虑各种问题，对离婚的时候配偶算不算新股东、继承人算不算新股东、引入新的投资者的条件和决策等进行明确。以上问题的明确关系到是否要制定"土豆条款",再引入纯投资方时是否有特别的表决方式和程序。也可以约定在某些情况下能对外转让,并且能自由地进行转让,不受其他股东的限制。但是这些情况必须在公司章程中明确进行列举和规定。

有关继承人继承股权条款的设计

普通的章程条款:

自然人股东死亡后,其合法继承人可以继承股东资格。

很少有人关注这个问题,我们普通人认为被继承人死亡了,继承人是有权继承财产的,这是几千年的传统。《中华人民共和国公司法》第七十五条规定:自然人股东死亡后,其合法继承人可以继承股东资格;但是,公司章程另有规定的除外,法条也是默认继承人可以直接继承股权的。

一般而言,股权具有财产属性,既然具有财产属性,股东死亡后,其继承人当然可以继承具有财产属性的股权;但是股权又具有其他的属性,尤其是在有限公司中,主要是股东经营,公司具有较强的人合属性,因此股权又具有了社团属性。所以是否允许股东的继承人继承该股权,最终是交给了公司自己决定,即由公司的章程决定。

因为自然人死亡后,其股权除了由配偶、父母、子女等第一顺序继承人继承外,可能还会存在第二顺序继承人直接继承的问题,但是这些继承人人数可能很多,这些人可能因为年龄、阅历、精力等因素不适合作为该公司的股东。如果股东资格由他们继承,股东人数迅速增加,且每个继承人的经营理念可能差异较大,会导致公司经营决策、治理上的不顺,甚至形成公司治理僵局。

并且如果创始人的子女被送往国外,继承人一旦取得外国国籍也很麻烦,公司性质将因股东"外国人"的身份发生变更,股权变更的审批、公司的经营范围、业务开展等均可能会受到影响。

因为公司是一个具有人合性的经营主体，被继承人可能适合作为公司的股东参与公司经营，但是继承人可能是个才疏学浅的人，参与进来会导致股东之间不和睦；还有一种情况，如果股东之间是比较熟悉的合作伙伴，但是继承人中含有竞争对手，让其继承会对本公司不利，从而影响团结，最终导致企业经营不善，甚至破产。所以，以上问题有必要关注一下。

下面举个例子来进一步说明以上问题。

李雷和韩梅梅是夫妻，生了两个娃，一个叫李小雷，另一个叫李小梅。两人一起创业开办了一家A公司，公司经营得不错，李雷和韩梅梅离婚后，又和郭美丽结婚了，公司的股权全部给了李雷。李雷和郭美丽结婚后，将公司25%的股权给了郭美丽，而李雷由于劳累英年早逝，李雷和郭美丽没有孩子，李小雷和李小梅还未成年。如果继承人都要继承股权，李小雷、李小梅会成为公司的股东并且各占公司股权的25%，郭美丽持有50%，那么实际上就是李小雷、李小梅的生母韩梅梅控制50%的股权，郭美丽控制另50%的股权；如果公司要发展壮大，就需要韩梅梅与郭美丽团结合作，而她们能团结一致吗？

以上案例出现的概率不大，但是实际中确实还存在一些问题。例如，A和B是同一家公司的股东，且他们是好朋友，经过十几年的打拼，公司发展得很不错，主要原因是他们两个非常团结，配合得也非常好。并且他们在一起开股东会时，绝对是不允许另外一方的妻子参与的，他们认为各自的妻子都会影响他们的决定并且这种影响是消极的，所以有了这个不成文的规定。如果有一个股东去世，另外的股东跟去世那个股东的妻子也是不容易合作得愉快的。继续合作还是花钱买断？是否可以由剩下的股东继续经营，那个去世股东的继承人只等着分红，不参与经营、不参与表决呢？

针对以上问题，必须提前设计，股东们在起草章程时，要特别注意这一点，可以找律师或者其他的第三方咨询解决方案。

对于条款设计方面，公司章程对于股权继承的问题如果没有特殊约定，继承人是有权直接继承的；但公司章程有约定则优先适用公司章程的约定处理方式。

建议可以先在公司章程中进行规定，限制继承人的继承，再根据市场标准或者拟定一个财务标准对继承人的财产权利进行保障，在适当的情况下可以进行特殊处理，股东会达到一定同意比例后继承人即可继承被继承人的股权。

对于股权继承这方面，以下几点可供参考。

在公司章程没有特殊规定的情况下，继承人是可以继承公司股权的。那么，如果在被继承人的股权仅仅是认缴出资100万，0元实缴的情况下，继承人能否单独放弃继承股权，继承其他财产？如果放弃了，这部分股权将如何处理？如果公司负债，继承人是否需要用继承的财产在100万范围内承担责任？

针对以上问题，以下是一些律师的观点。

赵律师：在章程没有规定的情况下，如果公司有负债，继承人不能单独放弃股权而继承其他财产。无论出资是否实缴到位，公司是以认缴额为限承担责任的，继承人只要继承财产就应该承担公司负债。如果继承人选择不继承，应按照继承法和民法的相关规定作出处理。

赵律师：可以放弃，放弃部分其他股东可以认购，如无人愿意认购，公司可以减少注册资本。如果公司负债导致资不抵债，资不抵债进入破产程序可能会涉及承担责任，此时放弃全部财产继承则不用承担责任；如果仅仅是存在负债，未达到资不抵债程度，则不用承担责任。

放弃继承股权，该部分股权可以通过减资或其他股东认购的方式处理。如果公司现有资产不够偿还债务，死亡股东认缴部分应用遗产补足。

如果公司是股份有限公司，继承人放弃继承股权，跟公司债务就没有任何关系。

有限责任公司的出资人权利是一种社员权利。出资人死亡，继承人要求继承股权需要其他股东同意；如果放弃继承，公司应该通过减资程序或者其他股东收购的方式处理。所以不涉及继承人对未实缴部分在公司清算时承担责任的问题。

以上基本上是作为公司股东、律师、法官等朋友们的观点，上述所列问题暂时没有标准的答案，各自的观点都有一定的合理性和问题。下面我说一下我的观点，仅供大家参考。

先看有没有法律的规定，了解一下继承人是否能够放弃继承股权。

我们先看看股权是否属于遗产，《中华人民共和国民法典》规定，遗产是公民死亡时遗留的个人合法财产，包括：（一）公民的收入；（二）公民的房屋、储蓄和生活用品；（三）公民的林木、牲畜和家禽；（四）公民的文物、图书资料；（五）法律允许公民所有的生产资料；（六）公民的著作权、专利权中的财产权利；（七）公民的其他合法财产。这里没有明确说明股权是否属于遗产，再看看司法解释怎么说的吧，《最高人民法院关于贯彻执行〈中华人民共和国继承法〉若干问题的意见》中规定，公民可继承的其他合法财产包括有价证券和履行标的为财物的债权等。这里也没有明确说"股权"两个字。再来看看《中华人民共和国公司法》第七十五条的内容，其中规定，自然人股东死亡后，其合法继承人可以继承股东资格；但是，公司章程另有规定的除外。也就是说，只要公司章程没有特殊规定，自然人股东死亡后，其合法继承人可以继承股东资格，也就是说股权是可以继承的。既然可以继承，是否意味着继承就是继承人的一种选择权，可以放弃继承；毕竟股权不仅仅代表拥有权利，还是附带着一些义务的，比如出资的义务、参加股东会的义务等，如果继承人因为某些原因不愿意继承股东资格，就没必要必须要求继承人继承该股权，没必要强人所难。

接下来的问题就是，如果放弃了，这部分股权将如何处理？

再来看一下法律的规定，《中华人民共和国民法典》规定，无人继承又无人受遗赠的遗产，归国家所有；死者生前是集体所有制组织成员的，归所在集体所有制组织所有。咱们暂且不考虑还需要履行出资义务的问题，根据这条的规定，如果继承人放弃继承，该股权也就成了无人继承又无人受遗赠的遗产，这样该股权就归国家所有了吗？公司就成了国有控股或者参股公司了吗？这个暂时没有定论，现有的法律是这样规定的，如果真的归国家所有了，是不是可能被一些其他的人利用呢？故意不继承，让公司的一部分股权成为国家所有的，然后就成了国有参股公司了，这样的公司是央企还是地方国企呢？会不会被人拿去招摇撞骗呢？对于以上问题,如果没有法律规定,就要通过公司章程方面进行细化。

如果股权有价值还好一些,如果需要履行出资义务,难道需要国家为这个企业出资吗?这样似乎更不合适了。仅仅是需要履行出资义务,在公司资不抵债的情况下,我个人认为国家是可以放弃的,因为对于放弃继承的股权是否由国家取得的问题,还有一个潜在条件。在遗产处理这方面,国家取得无主物的前提是存在遗产,股权仅仅是类潜在遗产,参照遗产的继承规则,股权未必是真正的遗产,股权毕竟是一种资格,而不是明确的遗产,继承人继承的是一种资格。所以我个人的观点是有财产价值时没有继承人的情况下,国家是可以取得的,如果没有财产价值,则不能将出资义务强加给国家。但是,如果企业发展前景特别好呢?虽然暂时亏损,但是长期发展前景不错,是不是又可以收归国有呢?这些问题有待探讨,因为还没有定论。

我个人认为国家仅仅是接收那些没有人继承的遗产,股东资格不属于遗产,其中股权中的财产价值属于遗产,出资等股东义务不属于遗产,是一种责任或者义务。所以对于没有人继承的股权部分,国家是可以接收其中的财产价值部分的,对于出资的义务也仅仅是需要在其财产价值范围内进行填补而已。

再有就是继承人放弃继承,这部分股权是否可以通过减资或者由其他股东认购的方式来处理,这个暂时没有法律方面的规定。就理论及实际而言,这个办法确实是解决上述问题的一个有效措施,但是不是侵犯了国家或者集体的权利还有待进一步确认,毕竟有《中华人民共和国民法典》的规定。如果不受这个限制,完全可以在公司章程中进行设计,写明放弃继承的股权如何处理,是公司减资还是由其他股东按照实缴出资情况分别受让;并且也可以对继承人的继承行为进行特殊的约定。比如,需要经过其他股东二分之一以上表决权同意后,才能继承股东资格,否则,由公司以减资的形式将股权价值退还给继承人或者说由其他股东按照一定的条件和比例受让,并按照约定标准支付给继承人相应的价款。这个标准可以参照公司最近一期的净资产价值或者第三方评估的价值,设定标准有利于参照执行。

对于继承人放弃继承股权，是否还需要用继承的其他财产在被继承人认缴出资范围内承担出资责任的问题。我个人认为出资责任本来就是被继承人的出资义务，也就是一种对公司的责任，根据《中华人民共和国民法典》规定，继承遗产应当清偿被继承人依法应当缴纳的税款和债务，缴纳税款和清偿债务以他的遗产实际价值为限。超过遗产实际价值部分，继承人自愿偿还的不在此限。继承人放弃继承的，对被继承人依法应当缴纳的税款和债务可以不负偿还责任。此外，该法第三十四条还规定，执行遗赠不得妨碍清偿遗赠人依法应当缴纳的税款和债务。

所以，继承人需要在继承的其他财产及股权的价值范围内，对被继承人的认缴出资承担责任。

有关股东知情权条款的设计

普通的章程条款：

股东有权查阅、复制公司章程、股东会会议记录、董事会会议决议、监事会会议决议和财务会计报告；股东可以要求查阅公司会计账簿。

股东知情权是指股东了解和掌握公司经营、管理的情况的权利，是股东享受资产收益、参与公司重大决策和选择管理者等权利的基础。在有限责任公司中，股东有权查阅、复制公司章程、股东会会议记录、董事会会议决议、监事会会议决议和财务会计报告。因为股东出资完成后，其所出的资金或者资产的所有权就转移给了公司。公司的经营、管理权与所有权严格意义上是分开的，虽然很多时候中小企业的股东就是公司的管理者，但是在法律意义上两者是区分的。现实中有的公司就是这样的，尤其是一些小股东，他们并不直接参与公司的实际经营、管理，他们要了解公司的经营情况就需要行使知情权。股东知情权行使的主要方式，就是查阅、复制公司章程、股东会会议记录、董事会会议决议、监事会会议决议和财务会计报告及查阅公司会计账簿。

　　有的公司章程中根本就没有涉及股东的知情权，股东想要行使知情权时，仅能依照《中华人民共和国公司法》第三十三条的规定行使，股东有权查阅、复制公司章程、股东会会议记录、董事会会议决议、监事会会议决议和财务会计报告。股东可以要求查阅公司会计账簿。股东要求查阅公司会计账簿的，应当向公司提出书面请求，说明目的。公司有合理根据认为股东查阅会计账簿有不正当目的，可能损害公司合法利益的，可以拒绝提供查阅，并应当自股东提出书面请求之日起十五日内书面答复股东并说明理由。公司拒绝提供查阅的，股东可以请求人民法院要求公司提供查阅。《中华人民共和国公司法》第九十七条规定，股东有权查阅公司章程、股东名册、公司债券存根、股东大会会议记录、董事会会议决议、监事会会议决议、财务会计报告，对公司的经营提出建议或者质询。

　　以上这两个条文虽然确定了股东的知情权，但在实务中，股东的知情权很容易被侵害，经常有股东抱怨已经两年没开股东会了，对公司的经营情况一点也不了解，财务信息都没公开过。这种现状的出现，主要是公司法的那两条规定不够用，规定得还不够细致，所以我要和大家交流一下，在有限公司的股东的知情权的行使过程中，需要在公司章程设计中哪些事项。

　　股东可以要求查阅公司会计账簿；但是，这个查阅权是否包含查阅原始的财务凭证及相关的业务合同等资料呢？如果只看账簿不看原始的资料，这样就不能真正了解公司的具体经营情况了。所以对于这个问题需要在公司章程中明确。这里的明确并不是一定允许查阅。当然，为了防止一些商业信息的泄露，也可以禁止查阅公司的相关业务合同。

　　并且有的时候，即使让股东去查阅公司的账本，一个非财务专业的股东查阅后，也是无法达到了解公司经营情况的目的；建议可以适当地允许复制或者摘抄，也可以允许股东自行聘请的律师、会计师协助查阅但是在律师、会计师进行查阅时，需要进行一些限制。比如说需要具备国家认可的资格、对协助的人数进行限制并且需要与公司签署一些保密协议等。

　　还有一个在现实中经常遇到的问题，就是法律规定了"公司有合理根据认为股东查阅会计账簿有不正当目的，可能损害公司合法利益的，可以拒绝提供查阅"，这就需要考虑什么是不正当目的？

《最高人民法院关于适用〈中华人民共和国公司法〉若干问题的规定（四）》第八条规定，有限责任公司有证据证明股东存在下列情形之一的，人民法院应当认定股东有公司法第三十三条第二款规定的"不正当目的"：（一）股东自营或者为他人经营与公司主营业务有实质性竞争关系业务的，但公司章程另有规定或者全体股东另有约定的除外；（二）股东为了向他人通报有关信息查阅公司会计账簿，可能损害公司合法利益的；（三）股东在向公司提出查阅请求之日前的三年内，曾通过查阅公司会计账簿，向他人通报有关信息损害公司合法利益的；（四）股东有不正当目的的其他情形。

前三款对股东要求查阅账簿的不正当目的进行了明确地规定，对于第四款的其他情形没有明确地说明，所以在公司章程中要进行一些细化。比如：股东的关联关系（配偶、父母、兄弟姐妹或者其他的近姻亲等）经营与公司主营业务有实质性竞争关系业务的，在其他公司进行兼职担任高管或者重要人员的等。需要特别说明的是，为了维护股东自身利益而查阅公司账簿的，不应当认定为属于存在不正当目的的情形。

法律及公司章程保障了股东的知情权，那么，这个股东是仅指现任股东还是包含了已经进行股权转让的股东呢？如果不包含已经进行股权转让的股东，那么以前的股东是否有权查阅曾经是股东时的相关资料呢？

行使知情权的股东主要是指公司登记在册的股东，这就需要参考前面说到的股东名册了。已经进行股权转让的股东，原则上是没有权利行使这个知情权的，但如果其他股东、公司的实际控制人利用控制地位侵害了其他股东的利益，这个股东转让了股权却不让其知情，这样就不合理了。如果已经进行股权转让的股东的权利遭到侵害，有初步证据的还是可以查阅相关资料，行使知情权的，这也应该在章程中给予保障。并且，为了保障股东知情权能够实际落实，避免实际控制人利用优势地位在查阅地点、期限和时间上进行限制，可以在公司章程中约定查阅的地点、期限和准备资料的时间。原则上建议在公司住所地的会议室查阅,期限不应少于两个工作日,公司准备的时间不少于五个工作日,这些也可以根据实际工作量进行灵活规定,将期限和时间进行适当延长。当然,如果各方一致同意可以另行确定查阅地点、期限和时间,也要防止股东滥用权利,给公司经营造成不必要的麻烦,可以在公司章程中约定股东行使知情权时可以查阅资料的次数。比如:一年只能查阅多少次,超过次数公司董事会、执行董事便可以单方决定拒绝查阅,经股东会同意的除外。

在保障股东知情权时,除了保障股东能够主动行使权力,还要求公司主动履行告知义务。比如,约定在固定的期限向股东公开财务数据及相关文件,这方面内容可以结合股东会会议召开的次数及公司的财务、会计制度进行设定。

有关股东质询、建议权条款的设计

普通的章程条款:无。

股东的质询、建议权,很多公司章程中是没有体现的,没有体现的原因一个是不重视;另一个就是有的认为自己是股东,就要对公司负责人,还去质询谁、建议谁呢?还有的则认为作为股东,这个质询、建议的权利是天然存在的,是当然具有的,根本不用在公司章程中单独体现。

其实,以上看法都是股东本位思想导致的,就是说股东理所当然地都认为自己会参与公司的经营与管理,公司的数据信息对他而言都是透明的,并且都有控制权的股东有这样的想法无可厚非。但是,如果你是小股东呢?考虑到自己的权利如何保障了吗?如果你是大股东,考虑小股东的感受了吗?如果你想要让你认为优秀的人才参与到公司,作为公司的股东和你一起创业,那么,你能保证他们都是得到控制权、都能参与经营管理或者说他们的建议、意见都会被你采纳和执行吗?可能不一定。

所以，在保障非控制股东的知情权的同时，也要保证他们有质询权和建议权，即便是理解为他们天然拥有这个权利，但是如果在公司章程中体现出来，似乎更能体现出公司和实际控制人对小股东的特殊保护，更能让这些小股东感觉到自己确实就是公司的主人翁。

这种质询、建议权主要表现为日常工作的质询、建议和在参加股东会时进行的质询和建议。如果在公司章程中有所体现，有利于股东们参与公司经营，并有利于他们积极行使自己的权力，也有利于大股东、实际控制人和管理层广开言路、拓宽思路，从而保障股东对公司董事、监事和高级管理人员的日常监督，从此帮助大股东和管理层更好地履行职权，使公司合法、正常的经营，将风险降到最低。

尤其是在公司进行股权激励时，需要保障参与股权激励的高管、核心员工甚至参与公司股权合作的上下游合作伙伴们的感受。如果不给他们一定的权利保证，他们估计就不太愿意参与你的股权激励计划和股权合作方案了。

于是，可以直接将公司章程中有关条款设计为：股东有权对董事、监事、高级管理人员就公司的经营提出建议或者质询；在日常工作中，股东可以在发现董事、监事、高级管理人有损害公司或者可能损害公司、股东利益的行为时，提出建议或者质询；股东会要求董事、监事、高级管理人员列席会议的，董事、监事、高级管理人应当列席并就股东的质询和建议作出解释和说明。

有关异议股东回购请求权条款的设计

普通的章程条款：无。

因为大家一起创业成立公司时，基本上都是本着合作到底的想法，没有谁会想着半路退出；但在现实的公司经营中经常出现股东之间理念不一致、合作出现矛盾的现象，有的还出现了抢夺公章和执照的情况，导致企业经营陷入僵局，其至还有股东之间互相揭发曾经涉嫌违法、犯罪的行为。其实，这些是没必要的，也是无奈之举。在处理出现这种情况的案子中，我发现股东们都不愿意做出上述行为，都感觉是被逼无奈的选择，因为自己不能控制企业，又不能拿钱走人，因此也不让对方占便宜，哪怕是毁了大家一起花心血建立起来的事业。

其实，出现上述情况的主要原因是出现矛盾后的解决机制没有提前制定好，尤其是退出机制没有制定好。如果大家把退出机制制定好，不能控制公司的一方或者说想要退出公司的一方可以以一个合理的条件退出公司，也不失为一个好的解决办法；哪怕退出条件仅仅是相对合理，也不会导致大打出手，互相举报、揭发的情况出现。

本节主要和大家分享的就是股东退出中的异议股东回购请求权，当股东对股东会作出的一些重大决策不同意，却无法改变时，可以选择退出公司。

这个权利仅适用于几种特殊的情况，不能随意约定；否则，可能涉嫌抽逃出资、股东权利滥用。主要是对股东会作出的以下几种决议，投反对票的股东可以请求公司按照合理的价格收购其持有的公司股权：

（一）公司连续五年不向股东分配利润，而公司该五年连续盈利，并且符合本法规定的分配利润条件的；

（二）公司合并、分立、转让主要财产的；

（三）公司章程规定的营业期限届满或者章程规定的其他解散事由出现，股东会会议通过决议修改章程使公司存续的。

这几种基本上都是法律规定的情形，任何人都不能任意添加，否则涉嫌股东抽逃出资、股东权利滥用；但是我们可以将一些情形根据上面第三种情况中的"章程规定的其他解散事由出现，股东会会议通过决议修改章程使公司存续的"来进行关联性的设计；我们可以借助这条把一些特殊的情况下视为公司需要解散的情形，如果达到了这个情形，公司解散、清算，股东各自拿钱回家；如果有一方不同意解散，公司则继续存续，反对继续的股东则可以要求回购股权，拿钱回家。

在这方面，公司法仅仅规定了通过诉讼方式进行解决的途径，如果自股东会相关的会议决议通过之日起六十日内，股东与公司不能达成股权收购协议的，股东可以自股东会会议决议通过之日起九十日内向人民法院提起诉讼。其实，在起诉之前，可以给股东一个申请回购的权利。比如：股东会相关的会议决议通过之日起几日内，异议股东可以向公司申请要求回购其股权，并且可以对股权回购的价格或者计算方式进行一定约定。比如参照公司最近一次经审计或者上一年年终的公司净资产数额或者异议股东和公司共同委托的评估机构确定的评估价格等。

这里说到的回购是以公司的名义进行回购，公司回购是需要公司出资，然后再进行减资的，减资的程序非常麻烦并且减资后可能会出现影响公司信誉或者融资的情况；为了保护公司的资金，避免减资的麻烦，我们可以允许其他股东优先购买，具体参照股权转让中涉及股东的优先购买权的相关内容进行即可；也可以设计出公司指定的第三方进行购买，这个第三方可以是公司的子公司，虽然子公司去购买实际上使用的还是公司的资金，但是就不需要履行减资的程序了，这样就省掉了很多麻烦。

有关离职退股条款的设计

普通的章程条款：无。

对于这个条款，很多公司的章程是没有设计的。在股东们创办公司之初，多数股东都充满了雄心壮志，只想着一起创业，大家团结、合作一起共创辉煌；但是，很少有人考虑中间是否会有人掉队，例如有人因为移民或者想要退休等原因而离开公司，他们退出的时候是"净身出户"，还是公司或者大股东依照什么标准回购其股份呢？

创业股东的离开方式，可以是股权转让的方式，要么是转给内部股东，要么是对外转让。如果没人愿意受让，也不能轻易让公司回购，公司可以规定，在保障有限责任公司的人合性的前提下，由股东自主协商即可；如果无法退股也是一种合法、正常的商业风险，股东就要对自己的投资行为负责，不要公司一旦经营不好就找创始人、大股东去退股，这完全是一种没有法律依据的行为。当然，如果是创始人、大股东存在欺诈、权利滥用等行为，并造成其他股东直接损失或者经营严重困难又符合法律或者公司章程约定可以主张要求大股东或者公司回购股权的就另当别论了。不过，这些需要大股东或者公司回购股权的情形需要在公司章程中进行特别的约定。

除了一起创业、财务投资及正常合作的股东以外，现在还有一些企业的创始人想要通过股权激励的方式，激励具有特殊资源或者较高技能和能力的员工，让他们成为公司的股东，和股东们成为共同体；对这类人才，大老板、公司的主要目的是留住他们，并不太在乎他们的出资情况，因为他们有的可能实际上根本就不出资，有的甚至拿的是干股，所以主要的标是将他们人留在公司；如果他们因为工作、生活等问题而离职、退休怎么办呢？

公司给激励对象股权的主要的目的是让他们为公司服务，提供劳务、资源和技术，但是他们离开公司后可能就很难再为公司创造价值了。所以，我个人认为当他们离职、退休的时候，可以对他们的股权进行回购。这种回购又要防止抽逃出资的情况或者嫌疑出现，即需要防止一部分股东为了抽逃资本或者转移资金而故意采用这类的条款。实际上，如果出现上述情况，这类条款也会被认定为无效条款。

在一定期限内，若创始股东或者股权激励对象中途离职，则需要针对不同的情况对股权进行不同的处理：

离职情况	公司股权处理办法
创始股东或者股权激励对象因自身原因与公司提前解除劳动合同而离职； 公司有证据证明创始股东或者股权激励对象存在严重触碰高压线的行为的	公司或公司指定的第三人收购其股权，价格按照其原始取得的每股价格计算

离职情况	公司股权处理办法
创始股东或者股权激励对象因公司人员调整而解除劳动关系的； 合同未到期，双方友好协商不再续签劳动合同的； 创始股东或者股权激励对象因合同到期而离职； 创始股东或者股权激励对象因疾病无法正常工作、残障或死亡	公司或公司指定的第三人收购其股权，价格按当前每股价格进行计算
创始股东或者股权激励对象因自身原因与公司提前解除劳动合同而离职； 公司有证据证明创始股东或者股权激励对象存在严重触碰高压线的行为而对其进行停职或开除	收回股权，退还其原始出资额
创始股东或者股权激励对象因公司人员调整而被辞退； 合同未到期，双方友好协商不再续约； 创始股东或者股权激励对象因合同到期而离职； 创始股东或者股权激励对象因疾病无法正常工作、残障或死亡	收回股权，退还其原始出资额，并兑现增值收益，增值收益 =（公司当期股价 − 授予时公司股价）* 期股数量
因其他原因离职的	由公司董事会另行商议解决

该图表中的内容不是法律规定，仅仅是本人根据实际经验的总结出的不同处理办法，具体的操作还需要根据不同的公司的具体情况进行不同的调整，并且需要结合股东协议及股权激励方案等文件，配套实施才好。

有关股东会表决权条款的设计

普通的章程条款：

股东会会议由股东按照出资比例行使表决权。

股东会会议作出修改公司章程、增加或者减少注册资本的决议，以及公司合并、分立、解散或者变更公司形式的决议，必须经代表三分之二以上表决权的股东通过。

通常情况下，股东是按照出资比例行使表决权的，谁出资多，谁的话语权就大，这个跟我们之前所述的分红依据有些类似。不过，最近这几年，对于公司内部股东的表决权，大家的研究和实践都比较多，出现了"优先股""ＡＢ股制度""合伙人制度"等，这些主要都是围绕着对公司的控制权和股东的表决权展开的。所以，在公司章程中，股东的表决权的相关条款设计也是个重点内容。

现在很多公司的章程中关于股东会表决权的设计都仅仅是参照《中华人民共和国公司法》中的相关规定，该法第四十二条规定，股东会会议由股东按照出资比例行使表决权；但是，公司章程另有规定的除外。第四十三条也规定，股东会的议事方式和表决程序，除本法有规定的外，由公司章程规定。股东会会议作出修改公司章程、增加或者减少注册资本的决议，以及公司合并、分立、解散或者变更公司形式的决议，必须经代表三分之二以上表决权的股东通过。

不过，在这方面很多人都忽视了一个问题："股东按照出资比例行使表决权"，这里的"出资比例"是实缴出资比例还是认缴出资比例呢？

举个案例和大家分析一下这个问题。

一家房地产开发公司注册资本是1 000万，两个股东分别是李雷和韩梅梅。其中，李雷认缴出资600万，韩梅梅认缴出资400万，最后的缴纳期限都是二十年以后，李雷担任公司的执行董事及法定代表人。因为大家都是认缴出资，公司没有收到两个股东作为注册资本的资金投入；但是公司的经营需要资金，李雷由于暂时资金紧张，便和韩梅梅口头协商先由韩梅梅投入资金，韩梅梅便实缴了200万元作为公司的运营资金，但是李雷一直没有实缴。至今，公司一直没有利润，并且公司的大小事务都是由李雷这个执行董事兼法定代表人做主，李雷每次出差都是住五星级酒店、坐商务座等，韩梅梅要求李雷填补出资，李雷却表示还没有到出资的日期，暂时不需要投入注册资本，如果公司经营需要资金了完全可以向银行贷款；韩梅梅对李雷担任公司的执行董事及法定代表人经营公司的情况表示极度不满，想要召开股东会更换执行董事及法定代表人，但是公司章程中对于股东会的表决权这块没有明确是实缴还是认缴的，一般的理解就是按照所持股权的比例行使表决权。这样的结果就是李雷仅用韩梅梅投入公司的200万出资，却行使着大股东的权力、享受着优厚的福利待遇。

其实，在这个案例中，可以看出对韩梅梅似乎是不公平的，有人也会建议按照实缴出资比例行使表决权，这样就保护了韩梅梅这类股东的利益。其实，这也不是最好的方法，因为这样可能会导致韩梅梅为了罢免李雷，在公司不需要提前实缴太多资金时而故意提前进行实缴出资，然后罢免李雷的执行董事及法定代表人的身份，进而导致韩梅梅利用这个空间来进行一些关联交易等恶意行为，从而损害公司及李雷的利益。

对于股东会表决权的设计，建议根据每家公司的具体情况进行具体分析，从而进行不同的设计。因为一家公司所需要的不仅仅是资金，还需要其他的生产、经营要素，比如人才、资源、经验等，尤其是一些轻资产的企业，非资金性质的要素可能更为重要。很多时候，公司需要一些有资源、有背景、有经验的人作为大老板，让他们带头，那么就需要让他们认缴更多的出资、享有更多的权利，从而让他们带领团队实现创业目标。与此同时，为了避免像上述案例中李雷的情况，建议对这类带头人进行一些约束，避免权力滥用。

对于约束和限制方面，建议他们做好出资的计划，在章程中根据出资计划定好各方的出资进度；如果逾期出资的，就需要对逾期出资的部分对应的权利进行限制。例如：不享有表决权，不能够参与分红，需要承担逾期出资的损失等。

对于表决权这方面，还可以采用"优先股制度""AB股制度"；按照股东人数表决制度、人数加资本双重表决制度、委托持股制度及一致行动人等。

优先股是指依照公司法，在一般规定的普通种类股份之外，另行规定的其他种类股份，其股份持有人优先于普通股股东分配公司利润和剩余财产，但参与公司决策管理等权利受到限制。优先分配利润是指优先股股东按照约定的票面股息率，优先于普通股股东分配公司利润。公司应当以现金的形式向优先股股东支付股息，在完全支付约定的股息之前，不得向普通股股东分配利润。优先分配剩余财产是指公司因解散、破产等原因进行清算时，公司在按照公司法和破产法有关规定进行清偿后的剩余财产，应当优先向优先股股东支付未派发的股息和公司章程约定的清算金额，不足以支付的按照优先股股东持股比例分配。但是，优先股在表决权方面是受到限制的，一般情况下除以下情况外，优先股股东不出席股东大会会议，所持股份没有表决权：（一）修改公司章程中与优先股相关的内容；（二）一次或累计减少公司注册资本超过百分之十；（三）公司合并、分立、解散或变更公司形式；（四）发行优先股；（五）公司章程规定的其他情形。上述事项的决议，除须经出席会议的普通股股东（含表决权恢复的优先股股东）所持表决权的三分之二以上通过之外，还须经出席会议的优先股股东（不含表决权恢复的优先股股东）所持表决权的三分之二以上通过。

　　AB股制度就是指同股不同权，这在法律范围内是允许的，将股权分为A股和B股两个层次，对财务投资者发行的A股只有1票投票权，而管理层持有的B股每股有n票投票权。比如：很多互联网、高科技公司多采用AB股，n通常取10，使得创始团队有10倍于其持股比例的投票权，从而牢牢掌控着对公司的管理话语权。像京东就采用了AB股制度，保证了刘强东在持股比例低于10%的情况下对公司的控制权，也就保证了公司的发展方向，给公司带来了巨大发展。

　　还有就是对于重大决议的内容的事务处理，一般就是参照公司法规定："股东会会议作出修改公司章程、增加或者减少注册资本的决议，以及公司合并、分立、解散或者变更公司形式的决议，必须经代表三分之二以上表决权的股东通过。"但是在实际情况中，对于一些其他的特殊事项，比如：对外进行大额的投资、担保、资产处置及变更法定代表人等事项，是否需要上升到需要经代表三分之二以上表决权的股东通过则需要股东们根据公司的具体情况进行特殊的约定；并且这个三分之二以上的比例是否需要进行调整，也是需要特殊约定的，因为有的为了防止大股东权利滥用，会给予小股东对这些大事项的一票否决权，让他们持有的低于三分之一的较小比例的表决权也能制约大股东，以保障部分权益。

　　有的公司存在股权代持关系，名义股东不参加实际的股东会，都是实际股东来参加股东会；还有的自然人股东因为生病、出差等原因不能参加股东会；还有，法人股东因为不可能都是法人股东的法定代表人来参加股东会，就会委派一个其他人来参加股东会。无论是法人股东委派的代表或者是自然人股东委托的人，这些接受委托的人叫作代理人，不能来的股东叫作委托人，代理人可以根据委托人的委托代为参加股东会并进行表决。代理人参加股东会的时候需要有一个完整的委托手续。比如提交一份委托书，委托书中需要载明一些必要内容：委托人和代理人的基本信息；代理人的代理权限，需要具体到对股东会表决事项的意见，是否同意或者其他处理意见等；如果对代理人没有做出具体指示的事情，是否可以自行决定；委托书的签发及有效日期；委托人及代理人签章。

除了委托书以外，代理人还需要带上委托人的身份证复印件以及代理人的身份证原件及复印件。

在股东会的表决权中还有一个细节问题，就是如果股东不来参加股东会，是不是就视为弃权了呢？那么，经代表三分之二以上表决权的股东通过这样的约定具体指什么呢？是参加股东会的股东的三分之二以上还是全体股东的三分之二以上呢？这里我建议大家在公司章程中进行明确。

法律对股东会会议作出修改公司章程、增加或者减少注册资本的决议，以及公司合并、分立、解散或者变更公司形式的决议，明确规定了必须经代表三分之二以上表决权的股东通过，以及公司为公司股东或者实际控制人提供担保的，需要由出席会议的其他股东所持表决权的过半数通过。股东向股东以外的人转让股权，应当经其他股东过半数同意，以及股份公司中股东大会作出决议，必须经出席会议的股东所持表决权过半数通过。

但是对于一般的事务的表决，公司法没有规定，一般认为是根据出资比例并遵守少数服从多数的原则；但是这个少数服从多数的原则又关系到了有的股东根本不来的问题。比如，股东失联了，根本参加不了股东会，那么公司就不经营了吗？是不是可以将不参加股东会的股东视为弃权，由参加股东会的股东来进行表决？那么，参加股东会的股东是不是又要有一个最低的限制呢？如果少数股东通过一些特殊的途径召开了股东会，形成的股东会决议是否有效呢？如果有失联或者故意不来参加股东会的股东、弃权的股东的情形，那些失联或者故意不来参加股东会的股东、弃权的股东算不算有表决权？

为了避免上述争议或麻烦，在召开股东会及股东表决权的行使上，需要在公司章程中针对公司的具体情况进行专门设计，需要明确地规定股东会对一般的事务的决议需要达到有表决权的股东的多少比例通过才能生效；同时，也要避免失联的或者故意不来参加股东会的股东就是公司的大股东，导致公司无法召开股东会或者股东会的表决比例达不到要求而导致公司无法正常经营的情形出现，针对上述情况，可以设计为，只要依照法律和公司章程召开的股东会合法、有效，由参会的有表决权的股东中半数以上同意的决议就是有效的股东会决议。

还有就是有人会问需不需要给一些股东一票否决权？对于这个问题我个人是不建议给的。首先公司是一个商业主体，主要是依靠资本，虽然有限责任公司具有一定的人合性，但主要的生产资料还是资本，法律现在默认的表决原则也是按资本多少决定。在很多的案件中因为一票否决权出现的问题太多了，前面案例中小股东影响大决策的那个案例就是；还有就是在律师行业，很多律师事务所都是合伙企业，每个合伙人都有一票否决权，最后导致就连50块钱的投入是否需要增加的事项都需要等三十几个合伙人一起表态，有一个不同意的就不能进行投资使用，这样将失去多少的商业机会呢？

当然，为了保护创始股东的利益和他们的控制权，在某些重大问题上也可以适当给予某些个别股东在个别情况下的一票否决权。

有关股东诉讼权利条款的设计

普通的章程条款：无。

现在的公司章程中，专门对股东诉讼权利进行明确的比较少见，一是法律有了明确规定；二是传统上就避讳谈诉讼问题，以免伤了和气。

但是，很多事情因为没有事前约定好，不好意思说出来，最终导致矛盾变大，以至于股东选择投诉、诉讼、报案及上访等途径来解决。不过，在各种方式全上的过程中，很多人却走了弯路，该进行民事诉讼的却采用行政诉讼，结果被驳回起诉后重新来，该要求撤销股东会决议的却要求公司登记机关直接撤销登记等；在我见过的案子中，股东各种弯路都走过，公司登记机关的法律顾问在应诉的过程中都需要给他们提出建议来告知他们正确的途径；思路一走错就导致几个月的时间浪费了，律师费和诉讼费也白花了。不仅如此，很多隐性的成本也需要支出却没人给报销，虽然他们可能也是受害者，但是他们的路选择错了。

所以，类似股东诉讼这样的权利，虽然法律已经有了明确规定，但是在我们的公司章程中也应该进行明确，达到普及、宣传的作用，让股东了解自己的权利，也明白如何行使这个权利。

对于股东的诉讼权利，常见的主要是以下这几类：

1. 股东会或股东大会、董事会决议的无效与撤销

公司股东会或者股东大会、董事会的决议内容违反法律、行政法规的属于无效决议，股东可以提起诉讼要求确认该决议无效。

股东会或者股东大会、董事会的会议召集程序、表决方式违反法律、行政法规或者公司章程的，或者决议内容违反公司章程的，属于可以撤销的决议。股东可以自决议作出之日起六十日内，请求人民法院撤销。

股东提起诉讼要求确认决议无效或者撤销的，人民法院可以应公司的请求，要求股东提供相应担保。

公司根据股东会或者股东大会、董事会决议已办理变更登记的，人民法院宣告该决议无效或者撤销该决议后，公司应当向公司登记机关申请撤销变更登记。

2. 异议股东股权收购请求权

有下列情形之一的，对股东会该项决议投反对票的股东可以请求公司按照合理的价格收购其股权：

（一）公司连续五年不向股东分配利润，而公司该五年连续盈利，并且符合本法规定的分配利润条件的；

（二）公司合并、分立、转让主要财产的；

（三）公司章程规定的营业期限届满或者章程规定的其他解散事由出现，股东会会议通过决议修改章程使公司存续的。

自股东会会议决议通过之日起六十日内，股东与公司不能达成股权收购协议的，股东可以自股东会会议决议通过之日起九十日内向人民法院提起诉讼。

3. 公司权益受损的股东救济

董事、高级管理人员执行公司职务时违反法律、行政法规或者公司章程的规定，给公司造成损失的。有限责任公司的股东、股份有限公司连续一百八十日以上单独或者合计持有公司百分之一以上股份的股东，可以书面请求监事会或者不设监事会的有限责任公司的监事向人民法院提起诉讼；监事在执行公司职务时违反法律、行政法规或者公司章程的规定，给公司造成损失的，前述股东可以书面请求董事会或者不设董事会的有限责任公司的执行董事向人民法院提起诉讼。

监事会、不设监事会的有限责任公司的监事，或者董事会、执行董事收到前款规定的股东书面请求后拒绝提起诉讼，或者自收到请求之日起三十日内未提起诉讼，或者情况紧急、不立即提起诉讼将会使公司利益受到难以弥补的损害的，前款规定的股东有权为了公司的利益以自己的名义直接向人民法院提起诉讼。

他人侵犯公司合法权益，给公司造成损失的，有限责任公司的股东、股份有限公司连续一百八十日以上单独或者合计持有公司百分之一以上股份的股东，也可以参照前面的内容向人民法院提起诉讼。

4. 股东权益受损的诉讼

董事、高级管理人员违反法律、行政法规或者公司章程的规定，损害股东利益的，股东可以向人民法院提起诉讼。

有关控股股东行为特别规范条款的设计

普通的章程条款：无。

一般的公司章程，现在也没有控股股东行为特别规范的条款的设计。不过，在公司的经营过程中，拥有控制权力和相对优势地位的多数就是公司的控股股东，控股股东很容易利用优势地位和信息优势通过一些不公平的关联交易、人事任免等行为，来损害公司或者其他股东的利益。

首先了解一下什么是控股股东。

控股股东，是指其出资额占有限责任公司资本总额百分之五十以上，或者其持有的股份占股份有限公司股本总额百分之五十以上的股东；出资额或者持有股份的比例虽然不足百分之五十，但依其出资额或者持有的股份所享有的表决权已足以对股东会、股东大会的决议产生重大影响的股东。

还有一个概念大家容易将其和控股股东搞混，就是实际控制人。实际控制人，是指虽不是公司的股东，但通过投资关系、协议或者其他安排，能够实际支配公司行为的人。实际控制人因为不是公司的股东，又因为公司的章程约束的对象仅仅是公司、股东、董事、监事、高级管理人员，所以公司章程对实际控制人不具有约束力。虽然公司章程对实际控制人没有约束力，但是公司法及其他的法律法规对公司的实际控制人是有约束的。

公司法对于控股股东的规定非常泛泛，《中华人民共和国公司法》第二十一条规定，公司的控股股东、实际控制人、董事、监事、高级管理人员不得利用其关联关系损害公司利益。

因为控股股东具有优势地位，应该让他承担更多的义务。比如：控股股东对公司及其他股东负有诚信义务，需要利用优势地位掌握的信息及准备进行的行为依照法律、法规和公司章程向其他股东和公司进行披露；禁止利用关联交易损害公司利益，但不是禁止进行关联交易，仅仅是禁止损害公司利益的关联交易，如果是正常、合理、公平的关联交易还应该多多鼓励；控股股东还不得干涉公司的独立性，公司是一个独立的法人单位，控股股东不能利用优势地位干涉公司正常的经营，即便其是公司的控股股东也不能越过公司的股东会、董事会及管理层对公司的业务、财务、资产直接进行支配，否则给公司造成的损失一样应当承担责任，并且造成的负债还可能要承担连带责任；在人事任免方面，比如董事、监事及高级管理人员的提名、选举，应当按照公司章程规定的程序进行，不得任用不符合董事、监事及高级管理人员的任职资格的人。

所以，在公司章程中，要有有关控股股东行为特别规范的条款的设计，明确约定控股股东在关联交易、信息披露、业务合作、财务制度遵守及人事任免方面的义务。

有关股东会职权条款的设计

普通的章程条款：

股东会由全体股东组成，是公司的权力机构，行使下列职权：

（一）决定公司的经营方针和投资计划；

（二）选举和更换执行董事、监事，决定执行董事、监事的报酬事项；

（三）审议批准执行董事的报告；

（四）审议批准监事的报告；

（五）审议批准公司的年度财务预算方案、决算方案；

（六）审议批准公司的利润分配方案和弥补亏损的方案；

（七）对公司增加或者减少注册资本作出决议；

（八）对发行公司债券作出决议；

（九）对公司合并、分立、解散、清算或者变更公司形式作出决议；

（十）修改公司章程；

（十一）根据公司的资金使用情况，决定股东提前缴纳出资的方案。

（十二）公司章程规定的其他职权。

对前款所列事项股东以书面形式一致表示同意的，可以不召开股东会会议，直接作出决定，并由全体股东在决定文件上签名、盖章。

上面这样的约定貌似很全，其实是照搬了《中华人民共和国公司法》第三十七条的规定而已，一般的章程对股东会职权的设计基本上和这个条款一模一样，其实公司法已经给了我们很大的自由了，《中华人民共和国公司法》第三十七条：（十二）公司章程规定的其他职权，有的公司直接将这个条款抄进了章程，但是却没有真的设计出来"公司章程规定的其他职权"。

我个人认为"公司章程规定的其他职权"，就是说股东制定的公司章程中关于股东会职权内容中完全可以有，也应该有更多的其他的职权方面的规定。

比如说，加入股东会在公司对外进行担保的有关事项、公司对外进行投资的事项及公司与第三方签署重大业务合同、处置重大资产等事项中的职权规定，因为这些事项法律没有直接规定是否属于股东会的职权范围内。《中华人民共和国公司法》第十六条规定"公司向其他企业投资或者为他人提供担保，依照公司章程的规定，由董事会或者股东会、股东大会决议；公司章程对投资或者担保的总额及单项投资或者担保的数额有限额规定的，不得超过规定的限额。公司为公司股东或者实际控制人提供担保的，必须经股东会或者股东大会决议。前款规定的股东或者受前款规定的实际控制人支配的股东，不得参加前款规定事项的表决。该项表决由出席会议的其他股东所持表决权的过半数通过。"该规定其实就是给了公司章程根据自己公司的情况来决定是将这些权利给谁的权利。如果公司章程对这些权利没有明确规定，可能就会成为公司经营中的漏洞，成为大股东、高级管理人员损害公司利益、其他股东利益的风险点。

因为在没有法律及公司章程明确规定的情况下，公司的大股东可以根据股东会过半数通过的约定直接处理有关担保、投资、重大业务的合同及对公司重大资产进行出资的决定；甚至有的公司可能都不召开股东会，控股股东利用公司法定代表人的身份以公司的名义对外进行担保、投资，签署重大业务合同及进行重大资产的处置等。

《中华人民共和国民法典》第六十一条【法定代表人的定义及行为的法律后果】依照法律或者法人章程的规定，代表法人从事民事活动的负责人，为法人的法定代表人。

法定代表人以法人名义从事的民事活动，其法律后果由法人承受。法人章程或者法人权力机构对法定代表人代表权的限制，不得对抗善意相对人。法定代表人以法人名义从事的民事活动，其法律后果由法人承受。法人章程或者法人权力机构对法定代表人代表权的限制，不得对抗善意相对人。所以说，只要大股东担任了法定代表人，甚至不是大股东担任法定代表人，都有可能存在利用这个漏洞损害公司和股东的利益，甚至大股东的利益的情况。

这里再和大家分享一个案例。

李雷、韩梅梅和江白一起合作开了一家房地产开发公司，公司的名字叫作三合房地产开发有限公司，注册资本是1 000万元；李雷是公司的大股东，但是仅出资400万，占公司股权的40%，韩梅梅与江白各出出资300万，分别持股30%，由李雷担任公司的董事长及法定代表人，韩梅梅担任公司的总经理，江白担任公司的监事。

李雷因为思想活跃，便想做一些比较有前景但是看起来风险也不小的业务，但由于他在公司中的持股比例不到二分之一，很多事情都被相对保守的韩梅梅和江白否决了。李雷经常叹息，感觉自己想要做点事情都做不了，认为自己的满腔抱负实现不了都是因为在股东会里面没有控制权。所以他想重新开一家房地产开发公司，但是自己的资金都投入三合房地产开发有限公司中，已经没有资金重新开办公司了。

李雷想到了一个办法，虽然自己没有钱，但可以从银行贷款，没有资产也没有问题，可以用三合房地产开发有限公司现在有资产进行担保，就这样李雷贷了款，并将资金投入新的房地产开发公司中。但这样无形中就给三合房地产开发有限公司增加了负债；如果李雷新的房地产开发公司发生亏损，还不上银行的贷款，三合房地产开发有限公司就需要承担担保责任。

上面的案例仅仅是存在担保的风险，如果李雷用三合房地产开发有限公司的资产对外开办新的公司，并将三合房地产开发有限公司收到的全部注册资本1 000万全部出资到新的公司中去，新的公司设计的股权结构是公司的注册资本是2 001万元，三合房地产开发有限公司仅仅占49.98%的股份，然后李雷直接认缴出资1 001万元，占股50.02%，就是三合房地产开发有限公司实缴出资1 000万元。并且根据《中华人民共和国公司法》第四十二条规定，股东会会议由股东按照出资比例行使表决权。这样一来，李雷实际上控制了三合公司的全部资金并且摆脱了韩梅梅与江白的影响，可以直接决定新公司的全部事情，并且他可以借用新公司来分取50.02%利润。韩梅梅和江白因为不是新公司的直接股东，就没有权利查新公司的账目，也无权分取新公司的利润，最终导致韩梅梅和江白的利益遭受巨大损失。

对于重大合同和资产的处置就更不用说了，这个在日常生产经营中就可能很隐晦地蚕食公司利益了。所以，为了防止类似情况的出现，对于公司对外进行担保的事项、公司对外进行投资的事项及签署重大业务合同、处置重大资产的事项等，必须进行特殊条款的设计。例如，针对涉及一定金额、占公司近一期审计后的净资产一定比例或者注册资本一定比例的担保、对外投资及签署重大业务合同、处置重大资产等事项，多少比例或金额需要经过公司股东会表决权的三分之二以上同意；多少比例或者金额需要经过股东会的过半数同意，多少比例或者金额需要经过董事会或者经理同意；也可以设计在某些情况下，某些股东的一票否决权等等形式的条款。

有关股东会召开情形条款的设计

普通的章程条款：

首次股东会会议由出资最多的股东召集和主持，依照《中华人民共和国公司法》及本章程规定行使职权。

股东会会议分为定期会议和临时会议。定期会议每年召开一次。代表十分之一以上表决权的股东,执行董事,监事提议召开临时会议的,应当召开临时会议。召开股东会会议,应当于会议召开十五日以前通知全体股东。

很多人认为在公司章程中,这方面的内容照搬公司法的规定即可,不需要进行专门的设计,大家只要想开会了直接叫过来开不就行了吗? 现在很多公司也都是这样操作的。

其实股东们如果是几个关系一直不错的朋友、亲戚也就无所谓了。我这里提示的重点是"一直"两个字,这个"一直"就是说永远不会闹矛盾,无论怎样都不会的那种,这种情况应该很少见,多多少少都会有些矛盾,尤其在生意场上哪有那么多的"一直"呢?

很多时候,股东们不是因为利润分配不均而闹矛盾,就是因为亏损承受不了想要退出并找个"背锅"的人而分开。只要利益分歧足够大,现实生活中父子、夫妻闹矛盾的也不在少数。

既然生意中更容易出现风险,不能保证关系一直好,那我们就要将遵守那句"先小人,后君子"的俗话了,也就是提前将处理问题的相关条款写进章程。

于股东会的召开非常的重要,因为会议召开了,大家才能见面,才能一起沟通和处理问题。如果发生了矛盾,大股东可能利用其优势地位,故意不召开股东会。所以,尤其是从对小股东的权利保护方面而言,则更需要明确约定开会的时间、次数、场地和形式;召开股东会有时候便成了小股东参与公司经营的主要体现,因为很多小股东并不担任高管或者监事之类的职务,他们可能远离经营核心,甚至不参加公司的具体经营,他们需要有个途径参与公司的事务并且了解公司的经营情况。

参加股东会便是股东的参与权、知情权的体现形式。但是,对于股东会是否召开及召开的次数和内容,从实际经营的情况来看,一般都是大股东及公司的董事会和管理层来决定,小股东似乎缺少一些真正意义上的话语权。很多时候是大股东控制公司，小股东的建议、意见想向股东会反映必须由大股东控制的董事长或者执行董事进行安排。但是，这个董事长或者执行董事一般会听从大股东的意见，可能为了防止小股东反映情况便不召集会议，有时会很容易因此引发纠纷，损害小股东利益。

股东会的召开还可以保证小股东最基本的权利得到保障，所以在公司章程中可以明确写出召开定期股东会的次数、时间、地点等内容，并且需要明确标出一些需要召开临时股东会的特殊的情况。比如：签署重大业务合同、处置重大资产等需要股东会表决的事项出现的时候就需要及时召开临时股东会。

有关参加股东会的股东人数及持股比例的设计

普通的章程条款：无。

对于这个条款，多数公司的公司章程也是没有设计的，建议大家关注一下。

根据《中华人民共和国公司法》第四十二条规定，股东会会议由股东按照出资比例行使表决权；但是，公司章程另有规定的除外。这里面提到了一点，就是股东会的表决是按照股东的出资比例行来表定的，而不是参加股东会的股东的出资比例来表定的。这"股东的出资比例"和"参加股东会的股东的出资比例"的区别就在于股东是否参会、是否存在未参会的那部分股东，如果不存在，基本上"股东的出资比例"和"参加股东会的股东的出资比例"是一样的；如果存在未参会的且有表决权的股东的话，则两者之间的结果可能就不一样了。

如果严格按照股东会会议由股东按照出资比例行使表决权，即便是具有十分之一以上表决权的股东召开和主持了股东会，也不能形成对自己有利的股东会决议。这种情况还在其次，如果占有一半以上表决权的股东失联了怎么办？还能不能有效地召开股东会？召开的股东会是否有效？股东会召开时仅仅来了一个股东可以吗？参会股东的表决权需要达到多少的比例，才能够算是有效的股东会？

在我处理的一些案例中，经常遇到召开股东会时有部分股东失联了或者有的股东故意不来的情况，导致参加股东会的股东人数或者表决权比例有时候都不足一半；或者虽然达到一半，但是参加股东会的股东中的赞成意见刚刚达到了参会人数的过半要求。出现这种情况的公司很多，他们召开了股东会，拿着股东会决议去公司登记机关申请变更登记，结果公司登记机关根本不给登记，认为没有达到全体股东出资比例的过半数同意的要求。

这种情况很多，引发的争议也不少，给很多公司的经营都造成了麻烦。所以，建议大家可以设定依照法律和公司章程召开的股东会，召集人正常履行通知股东义务后，股东均有义务来参加，不来参加股东会的股东视为放弃表决权，依法参加股东会的股东进行表决的决议为有效的股东会决议。

有关股东会召集和主持条款的设计

普通的章程条款：

首次股东会会议由出资最多的股东召集和主持，依照本法规定行使职权。

有限责任公司设立董事会的，股东会会议由董事会召集，董事长主持；董事长不能履行职务或者不履行职务的，由副董事长主持；副董事长不能履行职务或者不履行职务的，由半数以上董事共同推举一名董事主持。

有限责任公司不设董事会的，股东会会议由执行董事召集和主持。

董事会或者执行董事不能履行或者不履行召集股东会会议职责的，由监事会或者不设监事会的公司的监事召集和主持；监事会或者监事不召集和主持的，代表十分之一以上表决权的股东可以自行召集和主持。

对于每个条款，建议在制定公司章程时，多用心设计一下。现在，了解一下能够申请召开临时股东会的主体都有哪些。

由代表十分之一以上表决权的股东，三分之一以上的董事、监事会或者不设监事会的公司的监事提议召开临时会议的及符合公司章程规定的其他情形，应当召开临时会议。

从上面可以看到，代表十分之一以上表决权的股东，三分之一以上的董事，监事会或者不设监事会的公司的监事均有权提议召开股东会。但提议归提议，具体是否能召开及由谁负责召开还需要再了解一下，股东会的召开还有一定程序，不符合程序的股东会可能会被取消资格。

需要召开股东会的情况出现时，应该有一个召集的程序，一般的程序是这样的。

首先，董事会、执行董事一致决定召集股东会的，股东会会议由董事会召集，董事长主持；董事长不能履行职务或者不履行职务的，由副董事长主持；副董事长不能履行职务或者不履行职务的，由半数以上董事共同推举一名董事主持；不设董事会的，股东会会议由执行董事召集和主持。

其次，监事会、不设监事会的公司的监事认为存在必要召开股东会的情况，可以向董事会、执行董事申请召开股东会；在董事会不履行公司法规定的召集和主持股东会会议职责时，可以提议召开临时股东会会议，并由监事会或者不设监事会的公司的监事召集和主持。

最后，代表十分之一以上表决权的股东认为需要召开股东会时，应当向董事会、执行董事申请召开股东会；在董事会不履行公司法规定的召集和主持股东会会议职责时，可以向监事会或者不设监事会的公司的监事申请召开股东会；当监事会或者不设监事会的公司的监事也不履行召开股东会的义务时，代表十分之一以上表决权的股东可以自行召集和主持。

从以上召集程序，我们可以看到，能够提议召开股东会，但是没有召集股东会权利的是三分之一以上的董事这一方。

如果出现仅仅是三分之一以上的董事认为需要召开股东会，但是董事会不同意的意见占了大多数的情况呢？这样的情况也应当召开股东会，但董事会就是不履行召集义务时，这就需要他们向监事会申请或者建议代表十分之一以上表决权的股东，召开股东会了。

很多时候，都是因为普通章程中这些简单的设计，导致在一些事务上产生分歧。比如：董事长、副董事长故意不召开股东会，算不算不能履行职务或者不履行职务呢？这个怎么界定？是以需要召开会议的事件发生后几天内没有召开股东会就算，还是向可以召集股东会的董事长、副董事长申请召开股东会被明确拒绝了或者是多长时间没有反馈才算不能履行职务或者不履行职务呢？

此外，董事长、副董事长如果假定召开股东会，但是设定一个偏远的地点。比如：公司总部在海南，故意要求在董事长老家漠河的某个村子召开股东会，并且召开股东会的日期延长到了大年三十那天，时间设定为凌晨2点半；虽然这样的安排很奇葩、很极端，但是类似的情况很可能发生，这样的行为有效吗？算不算不能履行职务？

这方面的内容实务中有很多有争议的案例，所以建议要明确规定出不能履行职务或者不履行职务的情况及处理的方式。

建议条款如下。

有限责任公司设立董事会的，股东会会议由董事会召集，董事长主持；董事长不能履行职务或者不履行职务的，由副董事长主持；副董事长不能履行职务或者不履行职务的，由半数以上董事共同推举一名董事主持。

董事会不能履行或者不履行召集股东会会议职责的，由监事会召集和主持；监事会不召集和主持的，代表十分之一以上表决权的股东可以自行召集和主持。

在需要召开股东会的情况发生后或者需要进行股东会表决的事项发生后15日内，应当由董事会召集股东会，股东会应当自董事会召集会议后30日内召开；如果董事会没有及时召集股东会的，其他有权建议召开股东会的主体，可以自行向董事会申请召集股东会，董事长为申请的接收人，董事会收到上述申请后15日内没有回复的视为不履行召集股东会会议职责；如果是监事会作为申请人的，则监事会可以自行召集股东会，监事会召集股东会的，由监事会主席主持，监事会主席不能履行职务或者不履行职务的，由半数以上监事共同推举一名监事主持；如果申请人不是监事会的则由申请人向监事会申请召集股东会，如果监事会收到上述申请后15日内，没有回复的，视为不履行召集股东会会议职责，则由代表十分之一以上表决权的股东自行召集和主持，主持人由代表十分之一以上的召集会议的股东推选。

股东会召开产生的费用由公司承担，董事、监事有过错的应当向公司赔偿因此产生的费用。

有关董事会设置条款的设计

普通的章程条款：

公司设董事会，成员为_____人，由股东会选举产生。

董事会对股东会负责，行使下列职权：

（一）召集股东会会议，并向股东会报告工作；

（二）执行股东会的决议；

（三）决定公司的经营计划和投资方案；

（四）制定公司的年度财务预算方案、决算方案；

（五）制定公司的利润分配方案和弥补亏损方案；

（六）制定公司增加或者减少注册资本及发行公司债券的方案；

（七）制定公司合并、分立、解散或者变更公司形式的方案；

（八）决定公司内部管理机构的设置；

（九）决定聘任或者解聘公司经理及其报酬事项，并根据经理的提名决定聘任或者解聘公司副经理、财务负责人及其报酬事项；

（十）制定公司的基本管理制度；

（十一）公司章程规定的其他职权。

在法律意义上来讲，公司应该是三权分立的，三权分立在一些上市公司和大型股份公司体现得比较明显，但在一些中小民营企业中容易搞混。三权分立的架构通常分为权力机构、执行机构和监督机构，对应的公司的架构就是股东会、董事会和监事会。

前面介绍的股东会不是常设机构,股东会的召开次数都是有限的,程序也是严格的,开会前一般都要提前15日通知股东,所以这就决定了在股东会上必然是处理一些重大事务和决策。公司经营管理和日常管理不能也不宜由股东会来处理,这就有了董事会设立的必要了,让董事会去负责日常的经营与管理事务,这也就是之前提到过的所有权和经营权的分离。董事会实际上就是公司的执行机构,并不是决策机构,决策机构是股东会,董事会执行股东会的相关决议,即便所有权和经营权分开了,但是公司终究还是股东的,董事会是要对股东会负责的。董事会成员中的董事也是由股东会选举、委派产生的,其成员人数在有限责任公司的董事会中是三人至十三人,股份公司中是五到十九人,董事的权利基本上都是一样的,实行一人一票的制度。

正因为董事会是公司经营管理层面的决策机构,所以说董事会拥有哪些权利,也将影响公司的经营与管理。董事会权力过大就会导致架空股东会的现象出现,导致股东权利受损;有的董事会因为权利受限,凡事都要通过股东会,就如同虚设,导致公司经营效率低下。

对于董事会职权方面,可以在公司法的列举范围内结合自身公司的特性,发挥好《中华人民共和国公司法》第四十六条有关董事会职权规定中的"(十一)公司章程规定的其他职权"条款,因为这一条给了公司章程更多的发挥空间,可以结合股东人数及业务量和资产等问题来进行股东会、董事会及经理层的权利划分、审批权限设置等。公司可以在董事会的法定十项职权外,扩充董事会的职权,也可以对董事会职权的行使进行限制,最终通过公司章程来确定董事会的职权。

董事会职权的扩充体现了股东会对董事会的授权,对董事会决策事项的限制,体现了股东对风险控制的谨慎态度;当将本应由经营层的经理决策的一部分内容升级至董事会讨论决定时,则更是体现了公司经营的谨慎态度。充分授权可以提高工作效率,但是可能会出现漏洞和风险;过度限制可能会降低效率、增加成本,打击董事会、经营层的积极性。

利用好董事会这一机构，有利于公司内部治理，保障执行效率的同时保障公司股东的权利和利益。对于董事会职权的问题，在之前股东会职权的内容中已经提到过，对于一些特殊事项可以授权董事会进行表决，进行股东会、董事会及管理层的权利划分，针对不同的公司可以进行不同的设计，进而对董事会的职权作出更加具体、量化的规定。

董事会的议事方式和表决程序应在公司章程中明确，否则将出现无法可依也无据可依的情况。

有关董事长设置条款的设计

普通的章程条款：

董事会设董事长一人，副董事长_____人，由董事会选举产生。

公司设董事会的必须要设董事长，董事会一般都是设置董事长一人。副董事长是可以设立，也可以不设立的；如果设立，设立多少个也没有明确的规定和限制，副董事长可以根据公司规模和具体情况设置若干人。

董事长、副董事长一般是由董事会选举产生，但这个产生办法不是唯一的，不是法律规定必须经过董事会选举产生的。《中华人民共和国公司法》第四十四条有关董事长的原文是"董事会设董事长一人，可以设副董事长。董事长、副董事长的产生办法由公司章程规定。"

公司法的规定也是给了公司章程更多的自由空间，也就是说有关董事长、副董事长的相关条款，可以根据股东或者章程制定者的需要而设计的。我们可以直接约定由董事会选举产生，也可以约定由股东会选举产生，还可以约定由某个股东委派等方式确定公司的董事长。对于公司而言，董事长是一个公司的象征，可能权利未必比一般的董事或者公司经理多多少，但是其地位似乎比别人高了不少，基于此，各位企业家和股东们出于身份考虑和对公司控制权方面考虑，也会慎重考虑董事长的产生办法。

有关董事相关条款的设计

普通的章程条款:

董事由股东会选举产生,董事任期＿＿＿＿年,任期届满,连选可以连任。

董事任期届满未及时改选,或者董事在任期内辞职导致董事会成员低于法定人数的,在改选出的董事就任前,原董事仍应当依照法律、行政法规和本章程的规定,履行董事职务。

董事会会议由董事长召集和主持;董事长不能履行职务或者不履行职务的,由副董事长召集和主持;副董事长也不能履行职务或者不履行职务的,由半数以上董事共同推举一名董事召集和主持。

董事会决议的表决,实行一人一票。

董事会应当对所议事项的决定作成会议记录,出席会议的董事应当在会议记录上签名。

董事会的董事一般都是股东会选举出来的,在国有企业或者国有性质的有限责任公司中必须要有职工董事。职工董事必须由职工代表大会或者其他民主形式选举产生,非国有性质的公司中,也可以设置职工董事。董事无论是如何产生的都是对股东会负责,他们的权利都是平等的,进行表决时都是一人一票,董事长一般情况下,也仅仅有一票的表决权。

董事的表决权原则上为一人一票,但是如果出现僵局,参与表决的董事为偶数时,董事长是否可以比平时多一票,也是可以探讨和研究的。

董事的产生办法是重点,很多时候,我们不了解董事产生的办法有哪些,一般认为是按照资本多数决定的方式在股东会中进行表决产生。如果董事的产生事项在股东会中,按照一般表决事项的方法来表决,估计由股东会表决产生的董事有可能全部是大股东,除非大股东发慈悲了。

请看下面的例子。

李雷和韩梅梅共同成立了一家房地产开发公司,公司注册资本是1 000万,李雷出资510万、持股比例为51%，韩梅梅出资490万、持股比例为49%，现在，公司选举出了五名董事，分别是董事1、董事2、董事3、董事4和董事5。选举董事1的时候，候选人是李雷推荐的，李雷同意，韩梅梅反对，李雷推荐的人当选；选举董事2的时候，候选人是李雷推荐的，李雷同意，韩梅梅反对，李雷推荐的人当选；同理，董事3、董事4、董事5全部是李雷推荐的人员，也都在李雷的支持下当选。这样一来，虽然韩梅梅的出资几乎达到了一半，但韩梅梅在董事会似乎没有了话语权。

根据《中华人民共和国公司法》的规定，董事的选举可以采用累积投票的方式进行。累积投票制是股东实行选举权的形式之一，是指在公司的选举会上，实行每个股份持有者按其有表决权的股份数与被选人数的乘积为其应有的选举票数，选举者可以将这一定数的票数进行集中或分散投票的选举办法。

例如，李雷和韩梅梅共同成立了一家房地产开发公司，公司注册资本是1 000万，李雷出资510万、持股比例为51%，韩梅梅出资490万、持股比例为49%。现在要选举五名董事，分别是董事1、董事2、董事3、董事4和董事5。我们可以将公司的1 000万一共算作100个表决权票数，李雷持有51个表决权票数，韩梅梅持有49个表决权票数；因为股东会需选五名董事，则全部股东拥有100*5=500票数，这样李雷就有了255个表决权票数，韩梅梅拥有245个表决权票数。这样一来，李雷不可能平均地将255张票分散到五名董事上，这样每个董事就是51张票了。如果韩梅梅将245张票分散到4个候选人身上，有一个只投一票，可能4名董事的投票结果就是韩梅梅的每人61票大于李雷的51票了，这几个董事都成了韩梅梅推荐的人了，韩梅梅就可以以小股东的身份控制董事会了；大家都懂了策略，韩梅梅完全可以用245票去投某一名或者两名候选人，对其他候选人一票也不投，这样最起码会拥有一到两名董事席位；韩梅梅也可以把票分开，同时去投几名候选人，但结果可能就是一个也选不上。

累积投票制有利于让小股东在董事会中，拥有一定的席位，避免董事会中，全是大股东的人员。很多人可能会说，我们在最初的时候，让小股东推荐的人也进入董事会就行了吧，但是并不排除在你完成投资以后，董事就全部换成大股东的了，这种风险也是存在的。如果在公司章程中，明确了董事的选举采用累积投票制度，那么在重新选举时，小股东也拥有了一定的权利。

此外，还需要充分发挥职工董事的作用，充分调动职工的积极性，这也可以充分实现管理团队的话语权，因为这部分的董事选举受到资本方的影响比较小，更容易实现管理团队的控制权。

对于董事会的人数，法律没有明确要求必须是奇数还是偶数，只要在法律要求的人数范围内即可；但是建议最好设置为奇数，避免出现百分之五十对百分之五十的投票比例，这样容易产生僵局，导致有些决议根本执行不下去。

对于董事的任期而言，每届任期不得超过三年，可以连选连任，为了实现公司控制权，可以合理对董事的任期进行细致化的划分。比如同一届董事中，有的任期是1年，有的是2年，有的则是3年，没有法定或者章程规定的事由，不得轻易罢免董事。这样就会避免一次性更换过多的董事，可以间接实现创始人的控制权，也有利于公司的稳定。

曾经有人问过我，如果三个人开一家公司，股东会三个人，董事会也是三个人，董事会按照出资比例行使表决权，这样的设计是否正常。其实，这样的设计是不符合法律的基本原理和公司治理思路的，如果这样设计，还要董事干什么呢？直接采用执行董事模式不就可以了吗？需要提示的一点，就是董事会的董事是一人一票，董事成员不一定必须是股东。

有关执行董事设置条款的设计

普通的章程条款：

公司设执行董事一人，执行董事由股东会选举产生。执行董事任期三年，任期届满，连选可以连任。

执行董事对股东会负责，行使下列职权：

（一）召集股东会会议，并向股东会报告工作；

（二）执行股东会的决议；

（三）决定公司的经营计划和投资方案；

（四）制定公司的年度财务预算方案、决算方案；

（五）制定公司的利润分配方案和弥补亏损方案；

（六）制定公司增加或者减少注册资本及发行公司债券的方案；

（七）制定公司合并、分立、解散或者变更公司形式的方案；

（八）决定公司内部管理机构的设置；

（九）决定聘任或者解聘公司经理及其报酬事项；

（十）根据经理的提名决定聘任或者解聘公司副经理、财务负责人及其报酬事项；

（十一）制定公司的基本管理制度；

（十二）根据公司的资金使用情况，制定股东提前缴纳出资的方案。

（十三）公司章程规定的其他职权。

当然，有的股东人数较少或者规模较小的有限责任公司，可以设一名执行董事，不设董事会。执行董事可以兼任公司经理，执行董事的职权由公司章程规定。

这句"执行董事的职权由公司章程规定"就给了公司章程更多自由发挥的空间，不设董事会的公司，可以将董事会的全部职权给执行董事，然后执行董事又可以根据法律规定兼任公司经理。在设有董事会的公司中，经理又是由董事决定聘任的，这样执行董事直接可以决定自己是否兼任公司的经理，如果其兼任了经理，又因为《中华人民共和国公司法》第十三条规定，公司法定代表人依照公司章程的规定，由董事长、执行董事或者经理担任，并依法登记。公司法定代表人变更，应当办理变更登记。这样公司的执行董事就拥有了董事会的全部职权又成了公司的经理，拿到了具体管理的全部权利，必然成为公司的法定代表人。这种情况下执行董事能代表公司处理对外的一切事物，这样有利于执行董事对公司的控制,有利于公司快速发展。

以上的章程,在一人有限责任公司中是没有问题的。毕竟整个公司就你这一个股东,好坏都是你自己的;但是,如果在存在其他的股东的情况,就不太合适了;存在两个以上股东的,有所约束还是比较好,太过于集权容易滋生腐败,容易让其他股东的权利和利益受到损害。自己家族的公司或者是夫妻店类型的公司,建议直接设一个执行董事,否则董事会成员都不好凑齐;但是股东多的,并且都不在一个地区的,建议设立董事会,遇到非特大事务,在不是必须召开股东会的情况下可以通过董事会进行处理。董事会的成员构成其实也是股东之间利益平衡的体现,合理的构成有利于股东之间利益的平衡及提高办事效率。

各位企业家和公司股东可以根据公司的规模和股东结构决定设立董事会还是执行董事,可以通过公司章程将董事会和执行董事的职权进行明确。董事会的职权可以部分归入公司股东会,部分授权给执行董事,这样有利于监督和效率兼顾。如果股东人数少,可以将执行董事和经理分立,将董事会的权利更多地给予股东会,尤其是一些重大事项的决定权需要收回到股东会;比如:决定公司的经营计划和投资方案;制定公司的年度财务预算方案、决算方案;制定公司的利润分配方案和弥补亏损方案;制定公司增加或者减少注册资本及发行公司债券的方案;制定公司合并、分立、解散或者变更公司形式的方案;决定公司内部管理机构的设置;决定聘任或者解聘公司经理及其报酬事项;根据经理的提名决定聘任或者解聘公司副经理、财务负责人及其报酬事项;制定公司的基本管理制度;根据公司的资金使用情况,制定股东提前缴纳出资的方案。这类权利建议收回股东会。毕竟执行董事是一个自然人,工作能力和时间也是有限的,少给执行董事一些工作压力有利于整体工作开展。

有关监事会条款的设计

普通的章程条款:

公司设监事会，其成员3人，由公司股东会选举产生2名，另外1名由公司职工代表担任。董事、高级管理人员不得兼任监事。

监事会设主席一人，由全体监事过半数选举产生。监事会主席召集和主持监事会会议；监事会主席不能履行职务或者不履行职务的，由半数以上监事共同推举一名监事召集和主持监事会会议。

监事的任期每届为三年，任期届满，连选可以连任。

监事任期届满未及时改选，或者监事在任期内辞职导致监事会成员低于法定人数的，在改选出的监事就任前，原监事仍应当依照法律、行政法规和公司章程的规定，履行监事职务。

监事会行使下列职权：

（一）检查公司财务；

（二）对董事、高级管理人员执行公司职务的行为进行监督，对违反法律、行政法规、公司章程或者股东会决议的董事、高级管理人员提出罢免的建议；

（三）当董事、高级管理人员的行为损害公司的利益时，要求董事、高级管理人员予以纠正；

（四）提议召开临时股东会会议，在董事会不履行本法规定的召集和主持股东会会议职责时召集和主持股东会会议；

（五）向股东会会议提出提案；

（六）依照《中华人民共和国公司法》第一百五十二条的规定，对董事、高级管理人员提起诉讼；

（七）公司章程规定的其他职权。

监事可以列席董事会会议。

监事会每年度至少召开一次会议，监事可以提议召开临时监事会会议。

监事会决议应当经半数以上监事通过。

监事会应当对所议事项的决定作成会议记录，出席会议的监事应当在会议记录上签名。

股东会和董事会将公司的所有权和经营权分开,为了保障公司股东及公司的合法利益,必须有一个监督机构监督公司的经营情况。在公司三权分立的结构中,监事会主要承担的就是监督的权利。

首先了解一下公司法对监事会权利的规定,看看监事会都在哪些方面起到了监督的作用。《中华人民共和国公司法》第五十三条规定,监事会、不设监事会的公司的监事行使下列职权:(一)检查公司财务;(二)对董事、高级管理人员执行公司职务的行为进行监督,对违反法律、行政法规、公司章程或者股东会决议的董事、高级管理人员提出罢免的建议;(三)当董事、高级管理人员的行为损害公司的利益时,要求董事、高级管理人员予以纠正;(四)提议召开临时股东会会议,在董事会不履行本法规定的召集和主持股东会会议职责时召集和主持股东会会议;(五)向股东会会议提出提案;(六)依照本法第一百五十一条的规定,对董事、高级管理人员提起诉讼;(七)公司章程规定的其他职权。《中华人民共和国公司法》第五十四条规定,监事可以列席董事会会议,并对董事会决议事项提出质询或者建议。

监事会、不设监事会的公司的监事发现公司经营情况异常,可以进行调查;必要时,可以聘请会计师事务所等协助其工作,费用由公司承担。通过法律对监事会的授权,可以看出,监事会主要负责监督公司的经营情况及财务情况,并监督董事会、董事及管理层的行为,监督他们是否合法履职、是否做了有损公司利益或股东利益的行为、是否尽到了忠实勤勉的义务等。

了解了监事会的职权后,再来了解一下监事会的设立与组成情况。根据《中华人民共和国公司法》第五十一条规定,有限责任公司可以设立监事会,也就是说监事会不是必须设立的,如果设立监事会的,成员不得少于三人,具体人数则由股东自行确定。如果是股东人数较少或者规模较小的有限责任公司,可以不设立监事会仅设一至二名监事。公司可以综合考虑公司的股东结构、公司的规模决定监事会的设立及监事人数,也可以约定前期不设监事会,后期根据发展另行决定。

因为股东开设公司的主要目的是股东自身的利益，无论是通过公司经营分红，还是通过提高公司市值然后出售公司，都主要是为了实现股东的利益最大化。当然，公司不仅仅是一个营利机构，在我国，公司还应当具有一定的社会属性。比如要对雇佣的劳动者负责，肩负一些社会责任等。因此，作为监督机关的监事会，就应当由两部分人组成，即股东代表和适当比例的公司职工代表。其中，职工代表的比例不得低于三分之一，公司法规定了最低职工代表的比例，对于具体比例则由公司章程自行规定，但不得低于最低比例。监事会中的职工代表由公司职工通过职工代表大会、职工大会或者其他形式民主选举产生。对于股东代表这一部分，具体是由股东协商、委派确定，还是股东会选举产生，公司法给了公司章程充分的自由决定的权利。如果由股东会选举产生的，是采用一般的表决办法还是采用累积投票制度，这个也将由公司章程来规定，累积投标制度大家参考董事产生那一节的内容即可。实质上，监事会的设立和监事的数量、产生办法都和董事会类似，也是股东之间利益平衡的体现。

设立监事会的，必定有个带头人，这里叫作监事会主席。监事会主席跟董事长不一样，在董事长的产生方式方面，公司法给了公司更多自主决定的权利；监事会主席则必须由全体监事过半数选举产生。

监事会主席负责召集和主持监事会会议，监事会主席不能履行职务或者不履行职务的，由半数以上监事共同推举一名监事召集和主持监事会会议。

董事、高级管理人员不得兼任监事。

监事会的设立、监事人数的分配，既是基于对公司股东之间控制权的平衡的考虑，也是基于对公司健康发展的考虑。很多时候，监事会尤其是职工监事和小股东代表的监事对公司的健康发展起到了促进作用，有利于对公司小股东、员工利益的保护及公司合法经营的监督。监事会是一个监督机关，公司法对其产生、设立、职权都进行了相应的规定，具体到每家公司，因为各自情况不同，对于监事会有关的条款的一些细节还是需要进行考虑。

有关经理条款的设计

普通的章程条款：

公司设经理，由董事会（执行董事）决定聘任或者解聘；经理对董事会（执行董事）负责，并行使下列职权：

（一）主持公司的生产经营管理工作，组织实施董事会决议；

（二）组织实施公司年度经营计划和投资方案；

（三）拟订公司内部管理机构设置方案；

（四）拟订公司的基本管理制度；

（五）制定公司的具体规章；

（六）提请聘任或者解聘公司副经理、财务负责人；

（七）决定聘任或者解聘除应由董事会决定聘任或者解聘以外的负责管理人员；

（八）董事会授予的其他职权。

经理列席董事会会议。

在正式了解公司章程中有关经理条款设计的问题前，需要了解一下什么是公司的经理。这里说到的公司的经理不是公司日常经营管理过程中的经理，是法律意义上的经理。公司日常经营管理过程中，经常会设有什么部门经理、销售经理、业务经理等，为了跟他们区分，会将公司负责整体经营管理的最高管理者称为"总经理""总裁""CEO"等，这些被称为"总经理""总裁""CEO"的人，实际上就是我们公司法意义上的经理。

《中华人民共和国公司法》中第四十九条规定，有限责任公司可以设经理，由董事会决定聘任或者解聘。经理对董事会负责，行使下列职权：（一）主持公司的生产经营管理工作，组织实施董事会决议；（二）组织实施公司年度经营计划和投资方案；（三）拟订公司内部管理机构设置方案；（四）拟订公司的基本管理制度；（五）制定公司的具体规章；（六）提请聘任或者解聘公司副经理、财务负责人；

（七）决定聘任或者解聘除应由董事会决定聘任或者解聘以外的负责管理人员；

（八）董事会授予的其他职权。公司章程对经理职权另有规定的，从其规定。经理列席董事会会议。

《中华人民共和国公司法》第四十九条的原文中有一句"公司章程对经理职权另有规定的，从其规定。"那么股东们就可以通过公司的章程对经理的职权进行规定。在不同的公司中，经理的职权可大可小，有的可能会成为公司控制权行使的绝对关键人物，实际权利比董事长还大；有的则处处受限，什么事情都需要经过董事会批准才行。并且根据《中华人民共和国公司法》第十三条有关法定代表人的规定："公司法定代表人依照公司章程的规定，由董事长、执行董事或者经理担任，并依法登记。公司法定代表人变更，应当办理变更登记。"可以看出来，公司的经理还是可以成为公司的法定代表人的，他们完全可以成为最高权力的拥有者。

公司经理的职权没有好坏之分，只能根据不同的公司进行个性化的设计，有的需要注重效率，有的侧重考虑分权、要求稳定，需求不同，所以在设计经理职权时，也要综合考虑各种因素。

有个A公司，大老板不怎么负责具体业务，由聘任的经理负责公司具体的经营，包括公司的融资等事项，最后公司被这个经理折腾得破产了。因为这个经理经常性地做一些比较隐秘的管理交易，转移了公司的资产，让公司大量亏空，资金链断裂，自己却损公肥私。

所以对于担任公司经理的人选、资格、条件都应该有所特殊考虑。

首先，从对经理的设立、聘任、解聘方面来说。

有限责任公司的经理不是必须设立的，仅仅是可以设立，但是现在普遍的做法是都会设立一个经理职位，无论是不是会涉及大股东将执行董事、经理一起兼任，都会设立这样一个职位。对于股份公司而言，则是必须设立的。

公司中设有董事会的，由董事会决定聘任或者解聘公司经理及决定公司经理的报酬事项，公司的经理需要对董事会负责；如果没有设立董事会，仅仅设立了一个执行董事的,由执行董事决定聘任或者解聘公司经理及决定公司经理的报酬事项,公司的经理对执行董事负责。这里特别说明一下,即便公司的经理没有什么过错,董事会或者执行董事也是有权无理由解聘公司经理的,因为这是他们的法定权力。当然,如果涉及劳动合同纠纷问题,需要另行处理,但是经理的任免必须尊重董事会或者执行董事的决定。

其次,了解一下经理的任期。

对于经理的任期,法律没有明确规定,常规的做法是让经理的任期和董事会、执行董事的任期保持一致,因为经理产生于董事会或执行董事的决定,这样有利于决定的操作;但是考虑到有关公司控制权及其他的因素,可以在章程中进行特殊的设计。

最后,了解一下经理的职权。

《中华人民共和国公司法》第四十九条规定了公司经理的7条具体职权,还有授权了董事会对经理职权的另行授权;也就是说董事会将部分权利授予给经理,由经理具体执行;但是这种授权是有一定的限制的,法律规定属于股东会职权的不能随意授权,否则就成了董事会通过对经理的授权变相剥夺了股东会的权利,从而损害股东权利或者影响股东权利的行使。而对于法定的董事会的权利也是不能随意授权给经理的,否则同样也会剥夺董事的权利。所以,董事会授权的内容可以是一些具体的管理性事务,是有一定限制的授权行为。

所以在公司章程中,要明确一些批准合同签署的权利。比如××万元以下的合同直接由经理批准即可;还可以授予对内部其他管理人员进行考核等权利。

有关谁担任法定代表人条款的设计

普通的章程条款:

董事长(或者经理)为公司的法定代表人。

公司法定代表人变更，应当办理变更登记。

法定代表人行使下列职权：

（一）代表公司签署有关文件；

（二）在发生战争、特大自然灾害等紧急情况下，对公司事务行使特别裁决权和处置权，但这类裁决权和处置权须符合公司利益，并在事后向股东报告。

（三）公司章程规定的其他职权。

在公司章程中，有一个必须记载的事项就是公司的法定代表人。但是公司法及一般的公司章程对法定代表人的一些具体内容都没有作出相应的规定。法定代表人在公司中的地位非常高，因此相关内容的规定非常重要，很多人对法定代表人的理解仅仅是权力很大，下面就和大家分享一下有关公司法定代表人的知识。

首先了解一下什么是法定代表人。

《中华人民共和国民法典》 第六十一条 【法定代表人的定义及行为的法律后果】依照法律或者法人章程的规定，代表法人从事民事活动的负责人，为法人的法定代表人。

法定代表人以法人名义从事的民事活动，其法律后果由法人承受。

法人章程或者法人权力机构对法定代表人代表权的限制，不得对抗善意相对人。

第六十二条 【法定代表人职务侵权行为的责任承担】法定代表人因执行职务造成他人损害的，由法人承担民事责任。

法人承担民事责任后，依照法律或者法人章程的规定，可以向有过错的法定代表人追偿。

第八十一条 【营利法人的执行机构】营利法人应当设执行机构。

执行机构行使召集权力机构会议，决定法人的经营计划和投资方案，决定法人内部管理机构的设置，以及法人章程规定的其他职权。

执行机构为董事会或者执行董事的，董事长、执行董事或者经理按照法人章程的规定担任法定代表人；未设董事会或者执行董事的，法人章程规定的主要负责人为其执行机构和法定代表人。

第五百零四条 【越权订立的合同效力】法人的法定代表人或者非法人组织的负责人超越权限订立的合同,除相对人知道或者应当知道其超越权限外,该代表行为有效,订立的合同对法人或者非法人组织发生效力。

第五百三十二条 【当事人变化对合同履行的影响】合同生效后,当事人不得因姓名、名称的变更或者法定代表人、负责人、承办人的变动而不履行合同义务。

《中华人民共和国公司法》第十三条规定,公司法定代表人依照公司章程的规定,由董事长、执行董事或者经理担任,并依法登记。

公司的法定代表人完全可以代表公司从事民事活动,其以公司名义从事的民事活动(诸如:签署买卖合同、投资协议、借款合同、保证书及诉讼文件等法律文件),其法律后果由公司承受。法定代表人就是法律意义上的公司代表人,一般情况下,法定代表人代表公司的签字跟公司的章程具有同等的效力。

即便是公司的章程或者股东会对法定代表人代表权有所限制,也仅仅视为是公司内部的规定,除非第三人对他们这个内部规定了解,否则,内部对法定代表人代表权的限制不得对抗善意相对人,因此签署的文件对公司也是有约束力的。

其次,再了解一下公司法定代表人的产生办法。

从上面的法律规定可以看出,公司的法定代表人就是由董事长、执行董事或者经理担任。很多公司章程对法定代表人的权限及产生办法或者罢免办法等没有明确规定,很多人认为,公司章程中没有写明如何选举和罢免公司法定代表人的,就应当是由股东会来确定,很多在公司登记部门专门负责审核材料的工作人员,都认为是由股东会来决定法定代表人的任免。公司法没有专门关于法定代表人产生和罢免的规定,其实公司章程中也没有必要专门设计。对于法定代表人这样关键的内容,起草公司法的专家们不可能会漏掉,公司法中已经明确了法定代表人的产生办法,即《中华人民共和国公司法》第十三条:公司法定代表人依照公司章程的规定,由董事长、执行董事或者经理担任,并依法登记。这里规定得很明确,公司法定代表人直接在公司章程中,写明由担任董事长、执行董事或者经理三个职务的自然人兼任就可以了；也就是说直接规定董事长、执行董事或者经理的产生办法就可以了，没必要再另行规定公司法定代表人的产生和罢免办法。

具体怎么产生和罢免仅需看董事长、执行董事、经理中，谁担任公司的法定代表人即可，谁担任了就按照他们的罢免、选举程序来确定。因为董事长、执行董事、经理都可以担任公司的法定代表人，以下三种情况可以参考：

首先，了解一下董事长担任公司法定代表人的情况。

1.《中华人民共和国公司法》对于有限责任公司里面董事长的产生办法没有明确规定，仅仅是在第四十四条规定，有限责任公司设董事会，其成员为三人至十三人；董事会设董事长一人，可以设副董事长；董事长、副董事长的产生办法由公司章程规定。所以需要在公司章程中，对董事长的相关内容进行特殊设计，这也关系到了法定代表人的担任办法。

2.《中华人民共和国公司法》第六十七条规定，国有独资公司设董事会，董事会设董事长一人，可以设副董事长。董事长、副董事长由国有资产监督管理机构从董事会成员中指定。也就是说如果国有独资公司章程中，约定公司的法定代表人由董事长担任，则实际上任命法定代表人的权利就属于国有资产监督管理机构。

3. 在股份公司中，《中华人民共和国公司法》第一百零八条规定，股份有限公司设董事会，其成员为五人至十九人。第一百零九条规定，董事会设董事长一人，可以设副董事长。董事长和副董事长由董事会及全体董事的过半数选举产生。也就是说在股份公司章程中，约定公司的法定代表人由董事长担任，法定代表人也是由董事会选举产生，直接的决定权在董事会。

其次，了解一下执行董事担任法定代表人的情况。

因为股份公司是必须设置董事会的，我们仅需了解一下有限责任公司的法律规定。《中华人民共和国公司法》第五十条规定，股东人数较少或者规模较小的有限责任公司，可以设一名执行董事，不设董事会。执行董事可以兼任公司经理。

执行董事的职权由公司章程规定。

对于执行董事的产生办法并没有明确的法律规定，一般认为是由股东会选举产生的，但是因为没有明确的法律规定，也可以由公司章程另行约定，即便约定由某个股东指定也没有问题。

所以，对于由执行董事担任公司法定代表人的情况，则完全是由公司章程决定。

最后，了解一下由公司的经理担任法定代表人的情况。

根据公司法第四十六条的规定，董事会对股东会负责，行使下列职权：（九）决定聘任或者解聘公司经理及其报酬事项，并根据经理的提名决定聘任或者解聘公司副经理、财务负责人及其报酬事项；

第四十九条规定，有限责任公司可以设经理，由董事会决定聘任或者解聘。

第五十条规定，股东人数较少或者规模较小的有限责任公司，可以设一名执行董事，不设董事会。执行董事可以兼任公司经理。

第六十八条规定，国有独资公司设经理，由董事会聘任或者解聘。

第一百一十三条规定，股份有限公司设经理，由董事会决定聘任或者解聘。

从以上的法律规定可以看出，无论是有限责任公司还是股份公司，只要设有董事会的，经理的聘任或者解聘都是由董事会决定的，决定权在于董事会。这类公司如果约定经理担任公司法定代表人，法定代表人由谁担任也是由董事会决定。

对于仅仅有执行董事的公司而言，虽然写了执行董事可以兼任经理，但不是必须兼任，这就出现了两个问题，如果写明执行董事兼任经理，直接就看执行董事的决定权在谁手里即可；对于不需要执行董事兼任的经理，由于公司法没有明确规定，则就完全看公司章程的规定或者股东会的决议了，这类公司的法定代表人就由股东们决定了。

公司的法定代表人由谁担任对于公司、股东而言，都是非常重要的，关系到公司的经营、管理及公司的控制权掌握的问题。法定代表人是由公司决策层的董事长或者执行董事担任，还是由执行层的经理担任，不是立法者能够明确、硬性规定的，这需要股东们根据公司自身的特点及股东之间的协商情况来确定；立法者也仅是通过法律规定，将权利交给了公司股东会。如何在董事长、执行董事、经理身上分配公司经营管理的掌控权，也需要股东综合考虑。从公司法设定的公司治理架构来看，董事会或者执行董事是公司经营层面的最高决策机构或最高决策者，如果设立董事会，董事长就是董事会的组织者和代表人；经理（民间多称之为"总经理"）是公司经营的组织者、执行者，这里的经理不是一般民间称的"部门经理"。虽然从公司的内部地位上来看，董事长的地位似乎是高于经理，但公司的经营由经理具体负责组织实施，如果让其兼任了法定代表人，其能够对外代表公司，经理的实际权力会大幅膨胀，很可能会架空董事会、董事长，从而可能会损害公司或者个别股东的利益；如果将法定代表人的身份赋予董事长，董事长的实际权力则会增大一些，与经营管理层之间也会有一定的制衡，但也可能会导致公司管理中运行效力降低、成本增加，还会引发一些争议，甚至会导致公司管理陷入僵局。

所以，一般公司在决定法定代表人的选任时，要考虑法定代表人的道德水平、业务能力等因素。

一般情况下，直接就由中小企业的老板、大股东亲自担任公司的法定代表人。对于这个做法，无可厚非，大股东实际上就是公司的真正拥有者，其担任公司的法定代表人，所做的一些行为首先应该是要考虑公司利益的。

但是，有些公司的大股东、实际控制人为了防止自己陷入债务危机或者被列入失信名单等风险，会找别人担任公司的法定代表人。因为需要公司的大股东、实际控制人处理的事务都是相对比较重要的事情，公司涉诉后可能会直接影响到公司的大股东、实际控制人的出行及消费行为，严重的甚至还会被追究刑事责任。如果公司遇到了纠纷或者问题，公司的大股东、实际控制人如果没有被限制自由或者出行，还可以在外面想一些办法，很有可能就将问题解决了。

在现实中按照以上操作的人不在少数，很多实际控制人、老板都不愿意担任法定代表人，有的选择小股东担任公司的法定代表人，有的选择借用其他人的名义担任法定代表人，这个法定代表人又不负责公司的实际工作。但是从理论上来说，法定代表人依然可以依法代表公司做出一些行为，很可能会因此损害公司及大股东的利益。法定代表人对外代表公司开展业务，可以通过印章使用、文件签署控制公司的重大经营活动，其以法人名义从事的民事活动，其法律后果由法人承受。即便公司章程或者法人权力机构对法定代表人代表权有一定的限制，但是也不得对抗善意相对人。法定代表人因执行职务造成他人损害的，由法人承担民事责任。法人承担民事责任后，才能依照法律或者公司章程的规定，向有过错的法定代表人追偿。这个时候，法人是否能够实际得到追偿还需要另说。所以，即便实际控制人、老板不方便担任公司的法定代表人，一定要选一个品德好、有能力的人担任公司的法定代表人，以免出现道德风险。

例如，李雷是一家房地产开发公司的实际控制人，但是李雷不想出面，找到了韩梅梅持股，工商注册的时候，也让韩梅梅担任了公司的执行董事、经理和法定代表人，但是实际上韩梅梅只是作为李雷的司机，根本不在房地产开发公司负责执行董事、经理和法定代表人的具体工作。但是韩梅梅每天看着李雷游手好闲，心生嫉妒，就萌生了"自己是公司的法定代表人，我去借点钱花花呗"的想法。结果她真的这样做了，以公司名义借了500万，拿钱就走人。当到期债权人找到了房地产开发公司，要求其还款，房地产开发公司认为自己没有花这笔钱不应该由自己还款，所以一直拒绝。但是最后法院判决由房地产开发公司承担责任。房地产开发公司可以向韩梅梅进行追偿，如果韩梅梅已经将款项挥霍了，人又跑掉了，最后的追偿可能也只能留在法律意义上了。

由于公司的法定代表人能够对外代表公司，也涉及了公司的经营、公司的法律责任及公司的形象等问题，所以法定代表人的选任也关系到公司的控制权及对公司的控制程度的问题。股东对公司运营的参与、控制程度，是每个股东十分重视也应该重视的问题。在选择公司法定代表人的同时要考虑好是由董事长、执行董事还是经理担任。

有关法定代表人的姓名是否需要记入公司章程条款的设计

普通的章程条款：

公司法定代表人由董事长担任，并依法登记。公司法定代表人变更，应当办理变更登记。

这样的条款经常见到，很多公司登记机关也要求公司法定代表人的姓名必须写在公司章程中。

公司的法定代表人条款必须记载到公司章程中，并不是指公司章程中必须记载法定代表人的姓名，而是在公司章程中有关于法定代表人的条款即可。

法定代表人是代表法人从事民事活动的负责人，一般情况下，法定代表人的一言一行均可被视为公司的言行；法定代表人以法人名义从事的民事活动，其法律后果由法人承担和负责，其对外代表公司签署的合同等法律文件，在一般情况下，对公司具有约束力。以上都说明了公司法定代表人对公司具有重要意义。

正因为公司的法定代表人拥有很大的权利，法定代表人的担任及更换还关系到了公司的控制权问题。有的人认为自己担任公司法定代表人的时候，将自己的姓名写入公司章程是一种特殊保护；有的则可能因为公司登记机关的要求，将公司的法定代表人的姓名写入了公司章程。比如有的公司的章程会写"由李雷担任公司的法定代表人"，他们在公司章程中这样写，有的是由于公司登记部门有要求，必须在公司章程中写明法定代表人的姓名；有的则是因为想将法定代表人的地位上升一下，因为罢免、选举法定代表人不属于公司法规定的特别事项，不需要股东会三分之二以上表决权同意。但是如果写到章程中，罢免法定代表人的时候就需要同时变更章程，修改公司章程是需要经过股东会三分之二以上表决权同意才行。如果将法定代表人的姓名写入公司章程，就是在公司的"宪法"中对担任者进行了特殊的保护，想要撤掉法定代表人，就需要修改公司章程，但修改公司章程不是那么容易的。

真的是这样的吗? 很多人的理解不一样, 因此发生过争议, 现在, 就从公司控制权角度, 分析一下法定代表人条款的设计及影响。

首先, 因为公司登记部门的要求, 有时候不是股东自己真的要提高法定代表人的地位, 对其进行特殊保护, 如果不把法定代表人的姓名写入公司章程, 工商部门就不给做公司登记。所以, 把法定代表人的姓名记载到了公司章程中, 不能说这是特殊的保护事项; 对于股东自行写明"由李雷担任公司的法定代表人"的条款, 是否能起到特殊保护的作用是有争议的。在现实中, 确实出现过很多公司去登记部门变更法定代表人时, 被要求提交由股东会三分之二以上表决权同意的股东会决议, 这个事情即便是在司法界也有不同的观点。下面这个案例, 可以作为参考的依据, 供大家参考。

2005年11月18日, 房地产公司进行重组, 重组后的股东有实业公司、豪骏公司、张东升三方。2009年4月14日, 房地产公司召开股东会进行公司章程修正。房地产公司章程修正案将股东出资额变更为: 实业公司占总额的51%, 豪骏公司占总额的10%, 张东升占总额的39%; 经股东推举, 孟祥平担任执行董事; 张东升担任总经理, 为公司法定代表人。

2009年9月9日, 房地产公司修订并签署新的公司章程。该新章程第十四条规定, 股东会议由股东按照出资比例行使表决权, 股东会对修改公司章程、公司增加或减少注册资本、分立、合并、解散或者变更公司形式的决议, 须经代表三分之二以上表决权的股东通过; 股东会作出决议, 对公司同实业公司、新疆祥平企业(集团)有限公司合作开发雪莲山的《合作开发协议》中的事项表决时, 实业公司无须回避, 但须经代表三分之二以上表决权的股东通过; 其他事项, 必须经代表二分之一以上表决权的股东通过方可生效。

第十六条规定, 股东会议由执行董事召集并主持, 执行董事不能履行职务或者不履行职务的, 由股东召集并主持。第十八条规定, 经股东会决定, 公司不设董事会, 设执行董事一名。经股东推举, 由张东升担任执行董事; 张东升担任总经理, 为公司法定代表人, 对公司股东会负责。执行董事任期届满, 可以连选连任。

执行董事在任期届满前，股东会不得无故解除职务。实业公司、豪骏公司、张东升三个股东，均在新的公司章程及同一天的股东会决议上盖章签名。

2010年3月18日，房地产公司、孟祥平向张东升及其担任法定代表人的豪骏公司送达《乌鲁木齐市祥平房地产开发有限公司股东会会议的通知》。2010年3月25日，房地产公司召开股东会并形成10项股东会决议，其内容为："1.同意免去张东升房地产公司总经理职务、法定代表人职务……10.同意将房地产公司章程恢复到2009年4月14日公司章程修正案的内容。"张东升于2010年5月26日诉讼至法院，要求依法撤销2010年3月25日房地产公司作出的股东会决议。

一审中级人民法院认为，2009年9月9日，房地产公司修订并签署的新公司章程第十二条规定了股东会行使职权中所列的除第（十一）项有修改公司章程的事项外，其余事项，必须经代表二分之一以上表决权的股东通过方可生效。《中华人民共和国公司法》第十三条规定，公司法定代表人依照公司章程的规定，由董事长、执行董事或者经理担任，并依法登记。公司法定代表人变更，应当办理变更登记，新的公司章程也只规定了，其余事项经代表二分之一以上表决权的股东通过生效。2010年3月17日，房地产公司、孟祥平向张东升及其担任法定代表人的豪骏公司送达《乌鲁木齐市祥平房地产开发有限公司股东会会议的通知》及2010年3月25日，房地产公司召开股东会并形成股东会决议。其中，第1项免去张东升房地产公司总经理职务、法定代表人职务，第2~9项所涉任免公司总经理、法定代表人及其他副总经理、部门经理职务的事项，符合新的公司章程规定，亦符合公司法的相关规定。豪骏公司、张东升要求撤销该部分决议的诉讼请求不能成立，不予支持。

二审高级人民法院认为，上诉人豪骏公司和张东升称，张东升的任职情况写入了公司的新章程中，对于章程规定的全部事项，如果进行调整和变更均属于修改章程的事项，属于三分之二以上表决权通过的内容。经查，房地产公司2009年9月9日修订并签署的公司章程第十四条列举的三分之二以上表决权通过的事项为：修改公司章程、增加或者减少注册资本、公司合并、分立、解散或者变更公司形式，即房地产公司2009年9月9日修订并签署的公司章程第十四条与《中华人民共和国公司法》四十四条第二款规定的事项相同，《中华人民共和国公司法》第十三条规定，法定代表人依照公司章程的规定，由董事长、执行董事或者经理担任，并依法登记。公司法定代表人变更，应当办理变更登记。房地产公司2009年9月9日修订并签署的公司章程第十二条规定了股东会行使职权中，所列的除第（十一）项有修改公司章程的事项外，其余事项，须经代表二分之一以上表决权的股东通过方可生效。房地产公司、孟祥平于2010年3月18日向股东张东升、豪骏公司公证，送达了《乌鲁木齐市祥平房地产开发有限公司股东会会议的通知》（2010年3月25日召开股东会议）。2010年3月25日，房地产公司股东会决议免去张东升房地产公司法定代表人、总经理职务，符合该公司章程规定和公司法的相关规定。上诉人豪骏公司、张东升主张变更公司法定代表人、总经理职务的事项属于对公司章程修改的理由不能成立。

法院最终生效判决：新疆维吾尔自治区高级人民法院（2014）新民再终字第1号，申请再审新疆豪骏贸易有限公司（以下简称豪骏公司）、张东升与乌鲁木齐市祥平实业有限公司（以下简称实业公司）、乌鲁木齐市祥平房地产开发有限公司（以下简称房地产公司）公司决议撤销纠纷一案，就该问题本院认为，根据再审中诉辩双方意见，双方目前争议的主要是有限责任公司法定代表人变更，是否须经代表三分之二以上表决权的股东通过的法律适用问题。房地产公司2009年9月9日章程第十四条第一款规定"股东会议由股东按照出资比例行使表决权。股东会对修改公司章程、对公司增加或减少注册资本、分立、合并、解散或者变更公司形式，须经代表三分之二以上表决权的股东通过。"该内容与公司法规定一致。

我国公司法虽然规定股东会会议作出修改公司章程、增加或者减少注册资本的决议，以及公司合并、分立、解散或者变更公司形式的决议，必须经代表三分之二以上表决权的股东通过。但对于法定代表人变更事项的决议，并无明确规定，而房地产公司的章程对此也未作出特别约定。从立法本意来说，只有对公司经营造成特别重大影响的事项，才需要经代表三分之二以上表决权的股东通过。

公司法定代表人一项虽属公司章程中载明的事项，但对法定代表人名称的变更，在章程中体现出的仅是一种记载方面的修改，形式多于实质，且变更法定代表人时，是否需要修改章程是工商管理机关基于行政管理目的决定的，而公司内部治理中由谁担任法定代表人应由股东会决定，只要不违背法律法规的禁止性规定就应认定有效。

此外，从公司治理的效率原则出发，倘若对于公司章程制定时记载的诸多事项的修改、变更均需代表三分之二以上表决权的股东通过，则反而是大股东权利被小股东限制，若无特别约定，是有悖确立的资本多数决定原则的。若更换法定代表人必须经代表三分之二以上表决权的股东通过，那么，张东升、豪骏公司只要不同意就永远无法更换法定代表人，这既不公平合理，也容易造成公司陷入僵局。因此，公司股东会按照股东出资比例行使表决权所形成的决议，理应得到尊重。公司更换法定代表人，只要股东会的召集程序、表决方式不违反法律和公司章程的规定，即可多数决定。张东升及豪骏公司申请再审，认为房地产公司法定代表人的变更，须经代表三分之二以上表决权的股东签署通过的理由不能成立。

通过这个案例，可以看出，仅仅将法定代表人的姓名写入公司章程，并不代表是对担任法定代表人的那个人的特殊保护。如果想对其进行特殊保护，仅仅是将其姓名写入公司章程是不行的，仅写入公司章程要变更公司法定代表人时，不会因此被认为就需要变更公司章程。

那么，如果需要保护"李雷"这个法定代表人的特殊地位，应该如何操作呢？

为了避免理解的不同和产生争议，如果有需要，就先要具体了解是董事长、执行董事及经理中的谁担任公司的法定代表人了，谁担任，就将谁的产生办法在公司的章程中具体化，并进行严格的限制。如果对于产生办法不好进行限制，则需要对其任职条件、资格及提名权等进行特殊的设计；同时明确规定，如果变更这个职位及公司法定代表人，必须经代表三分之二以上表决权的股东通过。

有关新法定代表人的资格取得条款的设计

普通的章程条款: 无。

那么, 新法定代表人的资格什么时候取得呢? 对于这个问题, 大家都会认为, 选举了就应当具有资格了, 没必要单独写出来。

现在, 人们对公司控制权的重视程度越来越高, 对公司控制权的争夺纠纷越来越多, 因为法定代表人的特殊地位, 在一般的认识中, 公司的法定代表人拥有无限的权力; 因此, 对于法定代表人的争夺也就非常多, 就成了公司里面各方争夺的重点。很多时候, 争夺公司的法定代表人就是争夺公司控制权的直接体现, 同样, 新的法定代表人什么时候拥有资格, 也就成了焦点问题了。

如果变更法定代表人, 新的一方势力想要上台, 要从什么时间开始有效呢? 法定代表人的资格什么时候才能取得呢? 很多人认为只要依照法律、公司章程选举了新的法定代表人就可以了。因为公司法属于商法, 商法尊重当事人的意思自治, 这意味着只要选举出来, 还没到公司登记部门登记就可以行使法定代表人的权利了。没有到公司登记部门进行法定代表人变更登记的, 仅仅不能对抗善意第三人。

答案真的是这样吗? 请看下面的规定。

《企业法人法定代表人登记管理规定》第三条规定, 企业法人的法定代表人(以下简称法定代表人)经企业登记机关核准登记, 取得法定代表人资格。

也就是说, 企业法人的法定代表人经企业登记机关核准登记, 取得法定代表人资格。公司就属于企业, 现在《企业法人法定代表人登记管理规定》还有效, 没有更改, 所以就需要按照这个文件的规定执行。无论是由股东会决定的, 还是董事会选举的, 都需要经过在公司登记部门核准登记后, 才能取得法定代表人的资格。

《企业法人法定代表人登记管理规定》说的是新的法定代表人什么时候具有资格, 但是由于公司内部原因或者因为公司登记部门、行业的一些特殊规定或者临时政策，导致在公司内部选举或者决定了新的法定代表人后到去公司登记部门进行变更登记还需一段期限；这个期限内的公司的内部事务由谁负责呢？其实，可以在公司章程中约定由新选出来的法定代表人履行法定代表人职责，原来的法定代表人不再履行法定代表人职责；如果公司对外开展业务或者办理事务有需要，原法定代表人应当无条件配合。

在公司的经营过程中，难免要变更法定代表人。前面说到了公司新的法定代表人什么时候取得资格和履行法定代表人职责的问题，这既需要到公司登记部门进行登记，又需要原法定代表人的交接与配合。

有的变更法定代表人是因为原来的法定代表人正常地办理了退休、离职手续，这样的基本上都会配合公司进行法定代表人的变更。但是，关于法定代表人的任免，有时候会涉及对公司权力的争夺，对原法定代表人的罢免对于原法定代表人本人及其代表的势力而言是不情愿的。所以，对于这个罢免及更换新的法定代表人的行为，他们会反对或者仅仅是消极地不配合。如果原法定代表人反对且不配合变更怎么办？

很多时候，恰恰就是因为公司内部不认可原来的法定代表人的表现，而罢免了原来的法定代表人。甚至是因为股东之间的内部争斗需要变更法定代表人，在以上两种情况下，原来的法定代表人就不会轻易配合公司变更法定代表人。然而一般的公司登记部门，还是会要求公司在办理各项手续时提交法定代表人签字的文件。那么，这个时候原法定代表人不配合，提交谁的文件呢？文件由新的法定代表人签字有没有效呢？

我们还是先来看看法律是如何规定的，根据《企业法人法定代表人登记管理规定》第五条的规定，企业法定代表人的产生、免职程序，应当符合法律、行政法规和企业法人组织章程的规定。第六条的规定，企业法人申请办理法定代表人变更登记，应当向原企业登记机关提交下列文件：（一）对企业原法定代表人的免职文件；（二）对企业新任法定代表人的任职文件；（三）由原法定代表人或者拟任法定代表人签署的变更登记申请书。我们可以看出来原法定代表人不签字，我们可以提交拟任法定代表人签署的变更登记申请书的，法律对于是原法定代表人还是拟任法定代表人签署的变更登记申请书是用了"或者"这个词，也就是选择的关系，只要有一个签署的变更登记申请书就可以了。

有关法定代表人丧失担任资格条款的设计

普通的章程条款：无。

这个条款很少有公司章程会涉及，但是在实务工作中，会遇到很多相关的案例。这些案例都因为原法定代表人担任法定代表人的资格丧失后，却不能及时变更产生的纠纷，也造成了巨大损失。

前面，我们了解了罢免原法定代表人及新法定代表人资格取得的问题。但是如果原来的法定代表人丧失了担任法定代表人的资格，又不能形成罢免原法定代表人的决议怎么办？

比如，需要股东会选举的执行董事担任公司的法定代表人，但是原来的法定代表人是公司的大股东或者占有50%的股权，他们肯定不同意罢免自己，其他人也选不出来新的法定代表人；或者是董事会选举的董事长、聘任的经理担任法定代表人，董事会也因为董事人数为了偶数，赞成与反对的票数一样，形不成有效决议怎么办呢？

其实，这样就成为一个僵局了。股东会、董事会做不出有效的决议，公司登记部门就不会给你做变更登记，也不能强硬地干涉，直接指定一个法定代表人，变更法定代表人属于企业的自主经营行为；公司登记机关能做的就是对公司依照法律、法规进行处理。如果章程制定的时候，没有特殊考虑，就没办法解决这个问题。

所以，在制定公司章程的时候需要考虑这个问题。比如说，直接设置一个董事长、一个副董事长。董事长丧失担任法定代表人的资格，也就直接丧失董事长的资格，然后由公司的副董事长直接担任公司的董事长，无须另行召开股东会。

后期，如果认为副董事长不合适，可以通过召开临时股东会的方式再来更换，这样就避免了法定代表人资格不合格，却没有新的法定代表人的局面。如果出现董事长、副董事长均不合格的情况，可以直接由经理担任公司法定代表人；如果三者都不合格，直接由公司大股东指定新的人员担任公司的董事长、经理，从而担任公司的法定代表人即可。

由股东会选举确定的执行董事担任法定代表人的情况，有的时候，大股东本身或其指定或其推荐的人就是执行董事，并是原法定代表人，大股东不同意罢免自己或者自己推荐的人，其他股东选举不出来新的法定代表人；原法定代表人丧失资格后，为了防止出现僵局，也可以设计成直接由股东会选举新的执行董事，并由新的执行董事担任公司的法定代表人，如果超过一段时间，无法召开股东会或者选举出来新的法定代表人的，可以直接视为担任原法定代表人或者原推荐法定代表人的股东丧失对该事项的表决权。这样也是可以规避出现原法定代表人资格丧失，又选举不出来新的法定代表人的僵局。

前面只回答了丧失法定代表人资格后怎么处理的问题，现在再了解一下哪些人不能担任法定代表人，也就是出现了哪些情况，就丧失了法定代表人的资格了。

第一，无民事行为能力或限制民事行为能力的人；不满八周岁的未成年人为无民事行为能力人，八周岁以上的未成年人为限制民事行为能力人；不能完全辨认自己行为的成年人为限制民事行为能力人。十六周岁以上的未成年人，以自己的劳动收入为主要生活来源的，视为完全民事行为能力人。

第二，正在被执行刑罚或者正在被执行刑事强制措施的人。

第三，正在被公安机关或者国家安全机关通缉的人。

第四，因犯有贿赂罪、侵犯财产罪或者破坏社会主义市场经济秩序罪，被判处刑罚，执行期满未逾五年的；因犯有其他罪，被判处刑罚，执行期满未逾三年的；或者因犯罪被判处剥夺政治权利，执行期满未逾五年的人。

第五，担任因经营不善破产清算的企业的法定代表人或者董事、经理，并对该企业的破产负有个人责任，自该企业破产清算完结之日起未逾三年的。

第六,担任因违法被吊销营业执照的企业的法定代表人,并对该企业违法行为负有个人责任,自该企业被吊销营业执照之日起未逾三年的。

第七,个人负债额较大,到期未清偿的。

第八,由法律和国务院规定不得担任法定代表人的其他情形的。

第九,被列入失信被执行人的,被限制担任国有企业的法定代表人。

如果是国有企业,限制其担任国有独资公司、国有资本控股公司董事、监事、高级管理人员,以及国有资本参股公司国有股权方派出或推荐的董事、监事、高级管理人员;已担任相关职务的,按照有关程序依法免去其职务,因此也就不能担任该企业的法定代表人了。

法定代表人任职期间,出现上述所列情形之一的,该企业法人应当申请办理法定代表人变更登记。

应当申请办理法定代表人变更登记而未办理的,由企业登记机关责令限期办理;逾期未办理的,处1万元以上10万元以下的罚款;情节严重的,撤销企业登记,吊销企业法人营业执照。

有关法定代表人辞职条款的设计

普通的章程条款: 无。

这个条款很多章程也是没有涉及的,但也是实务中经常遇到又很难解决的问题。

前面了解了罢免原法定代表人及新法定代表人产生的相关问题。如果是原法定代表人想要辞职,自己不想干了该怎么处理呢?

首先需要明确的一点是法定代表人的变更属于公司内部事务,属于公司自主经营的范畴,变更事项需要由公司作为申请人来申请。那么,如果原来的法定代表人辞职或者就是不想担任法定代表人了怎么办呢?

如果仅仅是原法定代表人辞职,没有公司的申请,登记机关暂时还是不会给做变更登记的。你可以辞职，可以解除劳动关系，可以不去公司上班，但是公司不去公司登记机关申请，公司登记机关就不给你做变更登记怎么办？

原法定代表人提出辞职，仅仅是向各个相关部门、业务合作单位发函，表明自己已经辞职，并向公司索要人名章，不配合公司的任何需要法定代表人签字配合的事务，以此来倒逼公司协助办理变更手续。

对此类事情，为了避免出现不能辞职的情况，建议还是在制定公司章程的时候写入相关的条款。比如：写明公司的执行董事担任的法定代表人辞职的，需要股东会选举新的执行董事，一段时间内选举不出来新的执行董事的，直接由公司的经理担任法定代表人；如果公司的法定代表人既是公司执行董事又是公司的经理的，需要股东会选举新的执行董事，一段时间内选举不出来新的执行董事的，由公司的其他股东中的持股比例排名第一的自然人股东，直接担任公司的执行董事并成为公司的法定代表人；如果是董事长、经理担任公司的法定代表人的，则由董事会来确定新的人选，一段时间内无法确定的，再由股东会直接确定，经过一段时间还是无法确定的，由公司的其他股东中的持股比例排名第一的自然人股东，直接担任公司的执行董事并成为公司的法定代表人。新的法定代表人选确定后，公司必须在一定期限内办理变更登记。这样一来，也就明确了新的法定代表人和公司的义务了，原法定代表人也就能够顺利辞职了。

有关高管条款的设计

普通的章程条款：无

一般的有限责任公司的章程中没有提到这方面的规定。对高级管理人员进行解释等方面的相关法律依据是《中华人民共和国公司法》第二百一十六条的规定，即本法下列用语的含义：（一）高级管理人员，是指公司的经理、副经理、财务负责人，上市公司董事会秘书和公司章程规定的其他人员。

实际上，在企业管理中，真正起到高级管理人员作用的，可能不仅仅是上述明确出来的公司的经理、副经理、财务负责人和上市公司董事会秘书；在不同的公司里面还可能有不同的人员，比如注重人力资源的公司的人力资源负责人、以技术开发为主的公司里面的技术研发负责人等。

高级管理人员界定及任职的条款，法律没有强制性地要求必须在公司章程中写明。

建议设置一个专门的高管条款，明确一下公司高管的范围及任职的基础条件。因为他们相对于普通员工及普通管理人员，他们掌握更多的公司信息及拥有更多的行政权力，关系到公司的具体事务的执行情况及重大事务的决策情况，有的政策执行也会受到高管的影响的。这些高管对公司的长期发展、日常管理均起到了重要作用，有必要将他们与普通管理人员进行区分，并要求他们承担相应的忠实勤勉义务。

还有，就是在公司章程中给予高管明确的地位，也是对这类人员的认可。让他们从精神上得到一定的满足，并起到一定的激励作用，会更好地为公司服务。

将这些重要岗位纳入高管范围，也有利于公司的管理。《中华人民共和国公司法》第十一条明确规定："设立公司必须依法制定公司章程。公司章程对公司、股东、董事、监事、高级管理人员具有约束力。"也就是说，公司的章程的约束范围仅限于公司、股东、董事、监事、高级管理人员，对这些范围以外的普通员工、普通管理人员是没有约束力的。

如果没有将一些承担了重要职责的人纳入公司高管范畴，这会导致公司的章程对他们没有约束力。

因为公司的高管对公司的日常管理、长期发展、政策制定有一定的影响力，公司的高管相对于普通管理人员的任职条件、任职资格是相对较高的，一些管理岗位的任职人员需要从品德、基础技能、学历、工作经验、对公司的忠诚度及进入公司的时间等方面进行要求。于是，可以在公司章程中对他们担任公司高管的任职条件、任职资格进行明确约定。

从对公司控制权的角度，也可以对高管的任职条件、任职资格进行特殊约定。比如说服务期限、担任管理岗位几年以上，才能担任公司的高管，这样有利于实现创始团队对公司的控制权；因为创业初期，担任高管的人员基本上都是创始团队的人员，就入职年限及担任高管的年限而言，都是比较有优势的。如果这样设计即便有人收购公司成为大股东，也不能轻易更换公司的高管，除非他修改公司的章程并删除这样的设计内容。但是修改公司章程也不是那么容易的事情，需要三分之二以上有表决权的股东同意。

所以，我个人建议在公司章程中，要对高管条款进行特殊的设计。比如要明确高管的范围以及高管的任职条件和资格。

比如我们可以这样写：本公司高级管理人员包括公司经理、副经理、销售负责人、财务负责人、研发负责人、人力资源负责人及董事会秘书，上述人员应当遵守法律及公司章程对高级管理人员的规定和要求；

高级管理人员应当具有与其所担任职务相适应的专业知识和工作经验，且需要入职本公司达到____年以上，担任本公司管理岗位____年以上，并需要经过股东会同意，董事可以受聘兼任公司高级管理人员。

有关修改公司章程条款的设计

普通的章程条款：

股东会会议作出修改公司章程、增加或者减少注册资本的决议，以及公司合并、分立、解散或者变更公司形式的决议，必须经代表三分之二以上表决权的股东通过。

对于公司章程修改的条款法律没有特别的规定，上述引用的条款，很多时候都是《中华人民共和国公司法》第四十三条原文，该条规定，股东会的议事方式和表决程序，除本法有规定的外，由公司章程规定。股东会会议作出修改公司章程、增加或者减少注册资本的决议，以及公司合并、分立、解散或者变更公司形式的决议，必须经代表三分之二以上表决权的股东通过。

这个条款，很多时候就是在股东会的股东权利条款中，简单地提一下。其实，关于公司章程修改的内容非常重要。

公司章程在制定的时候，要考虑每一个股东的意见，即便是持股百分之一的股东也要照顾到，否则他们接受不了就会不投资、不做股东，也就不参与章程制定了；但是，为了引入这些小股东，大股东在制定公司章程的时候，必然要进行一些让步，一些相对有利于小股东的条款。但是，一旦公司注册，章程已经制定后，无论小股东是否已经出资，都已经有义务缴纳出资了，并不能轻易地退股了；在这样的前提下，如果仅仅是需要代表三分之二以上表决权的股东通过，便能修改公司章程，是不是只要大股东的持股比例达到三分之二，大股东就可以先妥协、对一些有利于小股东的条款让步，让其加入公司章程。

然后，在公司经营的过程中，如果遇到了需要平等增加股东义务，实际上是变相加重小股东义务的情况，例如，将股东的出资期限提前，对分红条例进行变更导致几乎不能分红，大股东通过对公司的控制来谋取利益等，导致大股东认为需要调整公司章程，从而利用自己持股比例的优势，来修改公司章程呢？反正小股东的出资已经给了公司了，或者即将要给公司，大股东修改公司章程是大股东的权利，法律是这样规定的，公司章程也是这样规定的，并且在公司章程上，小股东也是已经签字了。大股东利用这样的手段修改公司章程，虽然说是有些不太讲究，有点要手段的感觉，但是似乎又是合法、合理的。

有人就会说，那么我们是不是可以要求在修改公司章程的时候，必须全体股东一致同意呢？

这样的做法，是不可取的。因为要求股东一致同意，就会导致很多事情陷入僵局，有可能因此导致公司经营不下去。可以采用一个折中的办法，对于小股东特殊保护的条款的修改，可以要求必须经过全体股东一致同意，或者说给予小股东一定的其他权利。比如对公司章程修改提出反对意见的人的要求股权转让的权利，这个转让可以是要求其他同意修改公司章程的股东收购股权。这个权利也就是给了小股东、反对股东退出的权利。最初的时候，大家说好了按照最初约定的章程来经营公司，现在，股东完成了出资或者该履行的义务后，大股东为了自身方便而修改公司章程，这个其他股东无权反对，但可以选择退出。

要求同意修改公司章程的股东收购股权的时候，要提前设定好转让股权的价款的计算依据。比如，按照公司的净资产来计算，或者按照最近的融资情况计算，或者可以按照销售额，估值计算等。这个计算依据的条款是需要根据不同的公司进行不同设计的。

但无论怎样设计，都有必要对修改公司章程条款进行特殊的设计。

有关对外投资、对外担保条款的设计

普通的章程条款：无。

公司对外进行投资、对外担保的内容，属于公司法建议加入公司章程中的内容。《中华人民共和国公司法》第十六条规定，公司向其他企业投资或者为他人提供担保，依照公司章程的规定，由董事会或者股东会、股东大会决议；公司章程对投资或者担保的总额及单项投资或者担保的数额有限额规定的，不得超过规定的限额。

这里说的投资主要是股权投资，投资设立公司或者参股到已有的公司中去，广义的投资可能还包含项目合作、共同开发等。从投资经营风险和股东对公司的控制权及对公司资产的控制权等角度来说，公司对外进行投资或者担保具有很大的风险，并且通过公司对外投资或者担保来转移公司资金或者其他资产的行为显得更为隐蔽也更容易操作。现有的法律对这类事情，也不会规定得太细致。如果公司的章程也没有对这方面进行更多的关注，这个漏洞很容易被别人利用了。

单纯从投资经营的角度来看，公司对外投资其他公司本身就是一种商业行为，是商业行为就有风险，就可能存在投资失败的问题。如果投资失利，可能长期（几年）都不能见到回报；有的会面临亏损，严重的可能一分钱都拿不回来，影响本公司的利益，最终导致投资本公司的股东也是颗粒无收。

公司为别人提供担保的行为，其实也是一种经济投资行为，风险比直接投资只大不小。因为投资于一家公司，就成为这家公司的股东。但是如果仅仅是为别人提供担保，则实际借款人所做的事情或者投资行为、经营行为担保人是不可控的或者说控制力是很小的，有的根本就不知道借款人拿了钱干什么去了；所以无论是对外投资设立公司，还是为别人担保，风险都是巨大的。

上面介绍的基本上都是商业风险方面的问题。接下来了解一下对外投资对公司的控制权方面的影响。

如果一家公司将所拥有的资产投资给另外一家公司后，第一家公司的股东就对投入到公司的那些资产失去了控制权。首先，公司都是独立法人单位。在第一家公司中，股东将资产投入公司后，在一定意义上股东已经失去了对投入资产的经营和管理权，也失去了对投入资产的所有权。所有权成为第一家公司的，经营和管理权成为第一家公司管理层的了，股东仅仅享有的是第一家公司的股权，也就是对公司的所有权。他们是通过人事任免、集体决策及查账权利，来影响公司和了解公司的经营情况及财务数据。但是，如果第一家公司的管理层或者一部分股东，决定将公司的资产全部投入到新公司中，第二家公司的股东是第一家公司，在第一家公司的股东不单独投资第二家公司的情况下，他们无法成为第二家公司的股东，也就不直接享有第二家公司的股权，没有了股权也就不能通过人事任免、集体决策及查账权利来影响公司和了解公司的经营情况及财务数据。所以，对外投资其他公司的行为，可能导致股东们失去对公司的控制权。

第一家公司投入到第二家公司的那部分资产有可能是回不来的，因为投资入股后，一般情况下是不允许撤股的，只能等待分红或者解散公司。如果投资出去的是公司的大股东，实际控制了被投资公司还好一点；如果控制不了，会导致钱出去后，公司成了空壳；被投资公司拥有了资金或者财产却不听从安排或者指挥，可能会出现不分红、任意挥霍资产等情形，从而严重影响公司及公司股东的权益。

例如下面这个案例。

一家房地产开发有限责任公司的章程中，没有明确规定对外投资由董事会或者股东会、股东大会决议决定；如果是投资入股一家公司，并不需要向工商登记部门出具董事会或者股东会、股东大会的决议。而大股东是董事长并担任法定代表人，他控制了董事会，原大股东在引入投资方后成为小股东，但依然担任董事长并担任法定代表人。他组织公司内部召开了董事会，决定将房地产开发有限责任公司的全部现金出资到B公司中，虽然其他股东反对，他还是将房地产开发有限责任公司的全部现金出资到了B公司，而B公司的大股东和实际控制人也是他。最后导致房地产开发有限责任公司没有了经营资金，资金链断裂，陷入了破产的境地，但是B公司却花着本属于房地产开发有限责任公司的资金，并且在进行投资后，房地产开发有限责任公司也不能主张退股。

通过以上案例，建议大家不要轻易将对外投资、担保的权利交给董事会和管理层，这样会让股东牢牢地掌握这项权利。因为有的公司主要是经营私募股权投资业务或者直接就是投资公司，其对外的投资行为可能很多，担保类的经济活动也会不少。如果，针对一些小的投资行为、担保行为，召开股东会，就会导致浪费股东的大量时间，造成资源的浪费。

投资有风险，所以需谨慎，商业活动既要保障股东的利益，又需要讲究效率。所以，建议在进行这类条款设计的时候，还需要谨慎、综合考虑。每个公司都有不同的特点，不能仅仅按照投资或者担保的金额，需要综合考虑各种因素，例如考虑公司对外投资、担保的频率，公司的经营方向，投资的种类，为债务人提供担保时被担保人与公司的关系及被担保人的实力等因素。

建议公司根据自身特点，制定一个比较细化的制度，划分好董事会、管理层及股东会的权利。

现在,很多公司登记机关提供的公司章程模板中,都没有这样的示范性条款,股东自行进行约定的时候又不允许,这样可能导致无法将法律授予的权利体现到章程中。其实,这是对公司股权东利的一种侵害。这样,增加了后期给公司及公司的小股东造成损害的风险。所以,强烈建议即便使用提供的模板,也要将这样的条款体现到章程中。

有关财务制度条款的设计

普通的章程条款:

公司的财务、会计制度依照《中华人民共和国公司法》第八章规定的内容执行。

这是一种引用型条款,我们想要了解其中的规定,就必须知道《中华人民共和国公司法》第八章的内容是什么。具体如下:

第八章　公司财务、会计

第一百六十三条规定,公司应当依照法律、行政法规和国务院财政部门的规定建立本公司的财务、会计制度。

第一百六十四条规定,公司应当在每一会计年度终了时编制财务会计报告,并依法经会计师事务所审计。

财务会计报告应当依照法律、行政法规和国务院财政部门的规定制作。

第一百六十五条规定,有限责任公司应当依照公司章程规定的期限将财务会计报告送交各股东。

股份有限公司的财务会计报告应当在召开股东大会年会的二十日前置备于本公司,供股东查阅;公开发行股票的股份有限公司必须公告其财务会计报告。

第一百六十六条规定,公司分配当年税后利润时,应当提取利润的百分之十列入公司法定公积金。公司法定公积金累计额为公司注册资本的百分之五十以上的，可以不再提取。

公司的法定公积金不足以弥补以前年度亏损的，在依照前款规定提取法定公积金之前，应当先用当年利润弥补亏损。

公司从税后利润中提取法定公积金后，经股东会或者股东大会决议，还可以从税后利润中提取任意公积金。

公司弥补亏损和提取公积金后所余税后利润，有限责任公司依照本法第三十四条的规定分配；股份有限公司按照股东持有的股份比例分配，但股份有限公司章程规定不按持股比例分配的除外。

股东会、股东大会或者董事会违反前款规定，在公司弥补亏损和提取法定公积金之前向股东分配利润的，股东必须将违反规定分配的利润退还公司。

公司持有的本公司股份不得分配利润。

第一百六十七条规定，股份有限公司以超过股票票面金额的发行价格发行股份所得的溢价款及国务院财政部门规定列入资本公积金的其他收入，应当列为公司资本公积金。

第一百六十八条规定，公司的公积金用于弥补公司的亏损、扩大公司生产经营或者转为增加公司资本。但是，资本公积金不得用于弥补公司的亏损。

法定公积金转为资本时，所留存的该项公积金不得少于转增前公司注册资本的百分之二十五。

第一百六十九条规定，公司聘用、解聘承办公司审计业务的会计师事务所，依照公司章程的规定，由股东会、股东大会或者董事会决定。

公司股东会、股东大会或者董事会就解聘会计师事务所进行表决时，应当允许会计师事务所陈述意见。

第一百七十条规定，公司应当向聘用的会计师事务所提供真实、完整的会计凭证、会计账簿、财务会计报告及其他会计资料，不得拒绝、隐匿、谎报。

第一百七十一条规定，公司除法定的会计账簿外，不得另立会计账簿。

对公司资产，不得以任何个人名义开立账户存储。

从上面法律条文中，可以看到有关公司财务与会计制度建立、财务会计报告制作、股份公司的财务会计报告的公示、法定公积金的提取、公积金的用途、真实提供会计资料的要求和不得另立会计账簿的要求是法定的。其中，还有很多的"公司章程规定的期限""章程规定不按持股比例分配的除外""依照公司章程的规定，由股东会、股东大会或者董事会决定"等内容。这类内容不是明确的法律规定，但有了明确的规定可以直接用。其中法律再授权给公司章程规定的内容，如果我们的章程中再没有规定相关内容，不就成了一个死循环了吗？不就成了没有依据可以参考了吗？

所以，仅仅是写一句"公司的财务、会计制度依照《中华人民共和国公司法》第八章规定的内容执行"，是不负责任的；需要单独的设计；除非你在公司章程别处的内容中，已经进行了单独设计。

有关利润分配条款的设计

普通的章程条款：无。

很多公司没有类似的条款设计，仅仅是参照《中华人民共和国公司法》第三十四条进行了如下规定：股东按照实缴的出资比例分取红利；公司新增资本时，股东有权优先按照实缴的出资比例认缴出资。但是，全体股东约定不按照出资比例分取红利或者不按照出资比例优先认缴出资的除外，进行利润分配。

其实，这条内容没什么大的问题。前面我们也对分红的比例条款及分红的相关因素进行了分析。这里主要是涉及一个小的问题，有了净利润，公司不分怎么办？或者说是大股东自己利用优势地位乱花钱，却不分红怎么办？

为了解决这个问题，我们可以在公司章程中，设计一个分红的最低要求。比如：一年至少分配一次利润或者股东不拿工资但每月都分配利润。然后，再约定一下每次利润分配占可分配利润的比例，并按照事先约定的分配比例进行分配就行了。如果没有约定，真的有可能出现公司很赚钱，公司不分钱，股东没钱花的局面。

参考条款：公司一年进行一次利润分配，次年＿＿＿月底前对上年度取得的可分配利润进行分配；每次利润分配的额度不得低于可分配利润的＿＿＿%；股东会另有决议的除外。

有关公章使用及文件效力条款的设计

普通的章程条款：无。

很多公司章程对这方面也没有规定。但是有人认为公司公章、营业执照应该由法定代表人保管，有人则认为应该由财务部门保管，有的则是让行政部门保管，因为没有规定，大家的理解不同便产生了争议。产生纠纷的时候，就出现了抢公章、夺执照的现象，因此大打出手的也不在少数，甚至为了抢夺公司的公章及营业执照而报警。公章和营业执照的不规范管理也会导致很多问题，例如，有的利用暂时保管公章、执照的便利办理了很多事情、出具了很多问题文件并且还留了很多盖有公章的空白纸，这些是存在风险的。

所以，无论你们认为由谁保管公章、营业执照，必须建立明确的制度；谁保管、谁使用、谁负责。这样在出现抢夺盗窃公章、营业执照等行为，或者出现非公司认可的盖有公章的空白纸和伪造的文件时，也方便追责。

具体怎么写这个保管和使用条款要根据公司大小及分工内容进行具体确定。

对于文件效力问题，我认为有些对外文件如果盖有公章或者带有法定代表人签名、如果对方是善意第三方，这些文件都可能对公司有约束力；但是应尽量在公司章程中进行一些约定，这样是可以相对缩小那些所谓的善意第三方的范围，有利于避免非公司意见的文件出现和承担责任。

有关公司解散与清算条款的设计

普通的章程条款：

公司解散和清算依照《中华人民共和国公司法》《中华人民共和国公司登记管理条例》规定的内容执行。

这也是引用性的条款，我们了解一下法律如何规定的。

首先是在《中华人民共和国公司法》第十章的公司解散和清算中进行了下列规定。

第一百八十条规定，公司因下列原因解散：

（一）公司章程规定的营业期限届满或者公司章程规定的其他解散事由出现；

（二）股东会或者股东大会决议解散；

（三）因公司合并或者分立需要解散；

（四）依法被吊销营业执照、责令关闭或者被撤销；

（五）人民法院依照本法第一百八十二条的规定予以解散。

第一百八十一条规定，公司有本法第一百八十条第（一）项情形的，可以通过修改公司章程而存续。

依照前款规定修改公司章程，有限责任公司须经持有三分之二以上表决权的股东通过，股份有限公司须经出席股东大会会议的股东所持表决权的三分之二以上通过。

第一百八十二条规定，公司经营管理发生严重困难，继续存续会使股东利益受到重大损失，通过其他途径不能解决的，持有公司全部股东表决权百分之十以上的股东，可以请求人民法院解散公司。

第一百八十三条规定，公司因本法第一百八十条第（一）项、第（二）项、第（四）项、第（五）项规定而解散的，应当在解散事由出现之日起十五日内成立清算组，开始清算。有限责任公司的清算组由股东组成，股份有限公司的清算组由董事或者股东大会确定的人员组成。逾期不成立清算组进行清算的，债权人可以申请人民法院指定有关人员组成清算组进行清算。人民法院应当受理该申请，并及时组织清算组进行清算。

第一百八十四条规定，清算组在清算期间行使下列职权：

（一）清理公司财产，分别编制资产负债表和财产清单；

（二）通知、公告债权人；

（三）处理与清算有关的公司未了结的业务；

（四）清缴所欠税款及清算过程中产生的税款；

（五）清理债权、债务；

（六）处理公司清偿债务后的剩余财产；

（七）代表公司参与民事诉讼活动。

第一百八十五条规定，清算组应当自成立之日起十日内通知债权人，并于六十日内在报纸上公告。债权人应当自接到通知书之日起三十日内，未接到通知书的自公告之日起四十五日内，向清算组申报其债权。

债权人申报债权，应当说明债权的有关事项，并提供证明材料。清算组应当对债权进行登记。在申报债权期间，清算组不得对债权人进行清偿。

第一百八十六条规定，清算组在清理公司财产、编制资产负债表和财产清单后，应当制定清算方案，并报股东会、股东大会或者人民法院确认。

公司财产在分别支付清算费用、职工的工资、社会保险费用和法定补偿金，缴纳所欠税款，清偿公司债务后的剩余财产，有限责任公司按照股东的出资比例分配，股份有限公司按照股东持有的股份比例分配。

清算期间，公司存续，但不得开展与清算无关的经营活动。公司财产在未依照前款规定清偿前，不得分配给股东。

第一百八十七条规定，清算组在清理公司财产、编制资产负债表和财产清单后，发现公司财产不足清偿债务的，应当依法向人民法院申请宣告破产。

公司经人民法院裁定宣告破产后, 清算组应当将清算事务移交给人民法院。

第一百八十八条规定, 公司清算结束后, 清算组应当制作清算报告, 报股东会、股东大会或者人民法院确认, 并报送公司登记机关, 申请注销公司登记, 公告公司终止。

第一百八十九条规定, 清算组成员应当忠于职守, 依法履行清算义务。

清算组成员不得利用职权收受贿赂或者其他非法收入, 不得侵占公司财产。清算组成员因故意或者重大过失给公司或者债权人造成损失的, 应当承担赔偿责任。

第一百九十条规定, 公司被依法宣告破产的, 依照有关企业破产的法律实施破产清算。

以上是《中华人民共和国公司法》的规定。

其实, 我认为这里可以发挥的地方不多, 主要给大家提示的就是"第一百八十条公司因下列原因解散: (一) 公司章程规定的营业期限届满或者公司章程规定的其他解散事由出现"的内容, 这条如果运用好了, 在一些情况下, 可以让一些股东拥有解散公司的权利, 就不仅仅局限于法律规定的那几种情况了。这主要是保护小股东的一些利益, 在大股东或者实际控制人违反了大家的"初心"时, 给了小股东以解散公司为由终止纠纷或者退出的谈判筹码。不过, 这点用起来比较"狠", 可能直接就把公司弄没了。建议合理、谨慎设计。

有关通知条款的设计

普通的章程条款: 无。

很多公司对这方面内容没有进行设计, 但是前面的案例多次提到很多公司想要召开股东会的时候, 会发现有的股东因为失联而无法联系, 有的因为股东之间矛盾故意不参加股东会, 不接听通知的电话、拒收通知邮件。其实, 还有一部分股东的做法更可气, 他们为了不让其他股东参加股东会, 故意通过报纸公告的方式进行通知，还专门找那些属于省级、在报摊还买不着的报纸公告。

所以，为了避免出现各种麻烦，我们可以在公司章程中，对召开股东会、董事会、监事会或者发送其他的通知时的通知方式等条款进行特殊的约定。例如约定好如何通知股东开会，谁有权通知股东开会，什么情况视为送达及通知到位。并且可以约定按照预留在公司的通信录中的通信方式进行通知，避免将通信方式写入公司章程。因为如果都写入公司章程，将来换个电话号码都需要变更章程，还需要去公司登记机关办理变更登记，非常麻烦。建议大家，可以利用股东名册及通信录进行通信方式的预留。

送达的方式，可以采用电子邮件送达、微信通知及快递发送文件的形式并加以电话通知提醒等方式。如果实在联系不到，可以进行公告送达，但是采用的方式必须合理，不能找一个在报摊上买不到的报纸公告；否则，就涉嫌恶意通知了。

建议参考条款：

公司通知股东或者董事、监事、高级管理人员的方式可采用邮递、电子邮件、微信、短信、电话、全国性发行的报纸公告等送达形式。

公司通知采用邮递、电子邮件、微信、短信、电话形式的，按照股东在公司的通讯录上记载的联系方式进行通知，如通讯方式发生变化，必须在48小时内书面向公司备案。

以邮递方式进行送达的以签收视为送达，以电子邮件、微信、短信方式送达的发出后即视为送达，以电话方式进行送达的电话接通后视为及时送达，以公告形式送达的公告后3日（含公告当日）内视为送达。

有关章程生效及附则条款的设计

普通的章程条款：

公司登记事项以公司登记机关核定的为准。

本章程未规定的其他事项，适用《中华人民共和国公司法》《中华人民共和国公司登记管理条例》等法律、法规、规章的有关规定。

本章程中的各项条款如与法律、法规、规章的规定相抵触，以法律、法规、规章的规定为准。

本章程经全体股东共同订立，自公司成立之日起生效（国家法律法规另有规定的从其规定）。

本章程一式＿＿份，股东各留存一份，公司留存一份，并报公司登记机关一份。

对于公司章程的生效条款，一般章程没有规定。我们最近遇见了一个案例，就是因为公司修改了新的公司章程，但是新的公司章程没有在公司登记部门进行登记导致对公司章程的效力产生了争议，公司登记部门也不知道采用哪份文件了。

严格意义上而言，公司章程只要经过股东会通过就产生了效力，但是没有到公司登记部门进行备案的是不能产生公示效力的，只是不能对抗其他善意第三方而已，对公司、股东、董事及公司高级管理人员还是有约束力的。但是如果只是公司股东通过没有向非股东董事、监事和高级管理人员公示的，对这些人也不应该产生约束力。

第四章

章程范本及相关文件范本
（备注版）

适用于（设董事会、监事的）有限责任公司的章程参考文本

_____有限责任公司章程

为维护公司、股东和债权人的合法权益，规范公司的组织和行为，依据《中华人民共和国公司法》《中华人民共和国公司登记管理条例》及有关法律、法规、规章的规定，制定本章程。

第一章　公司名称和住所

第一条　公司名称：_____。

第二条　住所：_____。（注：明确表述所在市（区）、县、乡镇（村）及街道门牌号码、楼宇号码。）

第二章　公司经营范围

第三条　公司经营范围：_____。（以上经营范围以公司登记机关核发的营业执照记载的事项为准；涉及许可经营项目的，应在取得有关部门的许可后方可经营。）

公司改变经营范围，应当修改公司章程，并向登记机关办理变更登记。

第三章　公司注册资本

第四条　公司注册资本为_____万元人民币，为在公司登记机关登记的全体股东认缴的出资额。

公司变更注册资本,应当修改公司章程,并向登记机关申请变更登记。

第四章 股东的姓名或者名称、出资额、出资方式及出资时间

第五条 股东的姓名或者名称、出资额、出资方式及出资时间如下:

股东姓名（或名称）	认缴情况			实缴情况			余额缴付情况		
	出资额（万元）	出资方式	持股比例(%)	出资额（万元）	出资方式	出资时间	出资额（万元）	出资方式	出资时间（股东约定时间）
合计									

(注:股东出资时间应在公司营业期限内,公司设立时注册资本实缴到位的可删除余额缴付情况栏)

第五章 公司的机构及其产生办法、职权、议事规则

第六条 股东会由全体股东组成,是公司的权力机构,行使下列职权:

(一)决定公司的经营方针和投资计划;

(二)选举和更换非由职工代表担任的董事、监事,决定有关董事、监事的报酬事项;股东会选举董事、监事实行累积投票制;

(三)审议批准董事会的报告;

(四)审议批准监事的报告;

(五)审议批准公司的年度财务预算方案、决算方案;

(六)审议批准公司的利润分配方案和弥补亏损的方案;

(七)对公司增加或者减少注册资本作出决议;

(八)对发行公司债券作出决议;

(九)对公司合并、分立、解散、清算或者变更公司形式作出决议;

(十)修改公司章程;

（十一）公司转让、受让重大资产（达到公司总资产10%以上的）或者对外提供担保等事项必须经股东大会作出决议的。董事会应当及时召集股东大会会议，由股东大会就上述事项进行表决。

（十二）公司章程规定的其他职权。（注：由股东自行确定，如股东不做具体规定应将此项删除。）

股东可以委托代理人出席股东大会会议，代理人应当向公司提交股东授权委托书，并在授权范围内行使表决权。

对前款所列事项股东以书面形式一致表示同意的，可以不召开股东会会议，直接作出决定，并由全体股东在决定文件上签名、盖章。

第七条 首次股东会会议由出资最多的股东召集和主持，依照《中华人民共和国公司法》及本章程规定行使职权。

第八条 股东会会议分为定期会议和临时会议。

定期会议每年召开一次。（注：由股东自行确定召开的次数和时间。）

代表十分之一以上表决权的股东，三分之一以上的董事，监事提议召开临时会议的，应当召开临时会议。

召开股东会会议，应当于会议召开十五日前通知全体股东。（注：全体股东可自行确定通知时间。）

股东会应当对所议事项的决定作成会议记录，出席会议的股东应当在会议记录上签名（或盖章）。

第九条 股东会会议由董事会召集，董事长主持；董事长不能履行职务或者不履行职务的，由副董事长主持；副董事长不能履行职务的，由半数以上董事共同推举一名董事主持。（注：如果不设副董事长，这条就要修改。）

董事会不能履行或者不履行召集股东会会议职责的，由监事召集和主持；监事不召集和主持的，代表十分之一以上表决权的股东可以自行召集和主持。

第十条 股东会会议由股东按照实缴出资比例行使表决权。但是，公司持有的本公司股份没有表决权。（注：本条可由股东自行确定按照何种方式行使表决权。）

第十一条　股东会会议作出修改公司章程、增加或者减少注册资本的决议，及公司合并、分立、解散或者变更公司形式的决议，必须经代表三分之二以上表决权的股东通过。

其他事项必须经代表二分之一以上表决权的股东通过。（注：股东会的其他议事方式和表决程序可由股东自行确定。）

第十二条　公司设董事会，成员为＿＿＿人（注：成员为三人至十三人），由股东会选举产生。董事任期＿＿＿＿年（注：每届任期不得超过三年），任期届满，连选可以连任。

董事会设董事长一人，由董事会选举产生。（注：可以设副董事长，董事长、副董事长的产生办法由股东自行确定。）

董事任期届满未及时改选，或者董事在任期内辞职导致董事会成员低于法定人数的，在改选出的董事就任前，原董事仍应当依照法律、行政法规和本章程的规定，履行董事职务。

第十三条　董事会对股东会负责，行使下列职权：

（一）召集股东会会议，并向股东会报告工作；

（二）执行股东会的决议；

（三）决定公司的经营计划和投资方案；

（四）制定公司的年度财务预算方案、决算方案；

（五）制定公司的利润分配方案和弥补亏损方案；

（六）制定公司增加或者减少注册资本及发行公司债券的方案；

（七）制定公司合并、分立、解散或者变更公司形式的方案；

（八）决定公司内部管理机构的设置；

（九）决定聘任或者解聘公司经理及其报酬事项，并根据经理的提名决定聘任或者解聘公司副经理、财务负责人及其报酬事项；

（十）制定公司的基本管理制度；

（十一）公司章程规定的其他职权。（注：由股东自行确定，如股东不作具体规定应将此项删除。）

第十四条　董事会会议由董事长召集和主持；董事长不能履行职务或者不履行职务的，由副董事长主持；副董事长不能履行职务的，由半数以上董事共同推举一名董事主持。（注：如果不设副董事长，这条就要修改。）

第十五条　董事会决议的表决，实行一人一票，施行少数服从多数原则，即赞成票多于反对票即可。（注：这条可以根据实际情况进行修改。）

如果参与表决的董事人数为偶数或者赞成票与反对票票数相当的，董事长可以拥有两票，最终决定投票结果。（注：这条可以根据实际情况进行修改。）

董事会应当对所议事项的决定作成会议记录，出席会议的董事应当在会议记录上签名。（注：董事会的议事方式和表决程序，由股东自行确定。）

董事会会议，应由董事本人出席；董事因故不能出席，可以书面委托其他董事代为出席，委托书中应载明授权范围。

董事会应当对会议所议事项的决定作成会议记录，出席会议的董事应当在会议记录上签名。

董事应当对董事会的决议承担责任。董事会的决议违反法律、行政法规或者公司章程、股东大会决议，致使公司遭受严重损失的，参与决议的董事对公司负赔偿责任。但经证明在表决时曾表明异议并记载于会议记录的，该董事可以免除责任。

第十六条　公司设经理，由董事会决定聘任或者解聘。经理对董事会负责，行使下列职权：

（一）主持公司的生产经营管理工作，组织实施董事会决议；

（二）组织实施公司年度经营计划和投资方案；

（三）拟订公司内部管理机构设置方案；

（四）拟订公司的基本管理制度；

（五）制定公司的具体规章；

（六）提请聘任或者解聘公司副经理、财务负责人；

（七）决定聘任或者解聘除应由董事会决定聘任或者解聘以外的负责管理

人员；

（八）董事会授予的其他职权。（注：由董事会自行确定，如董事会不做具体规定应将此项删除。公司章程对经理职权还可作出其他规定。）

经理列席董事会会议。

第十七条　公司设监事一人。监事由公司股东会选举产生。董事、高级管理人员不得兼任监事。

监事的任期每届为三年，任期届满，连选可以连任。

第十八条　监事行使下列职权：

（一）检查公司财务；

（二）对董事、高级管理人员执行公司职务的行为进行监督，对违反法律、行政法规、公司章程或者股东会决议的董事、高级管理人员提出罢免的建议；

（三）当董事、高级管理人员的行为损害公司的利益时，要求董事、高级管理人员予以纠正；

（四）提议召开临时股东会会议，在董事会不履行本法规定的召集和主持股东会会议职责时召集和主持股东会会议；

（五）向股东会会议提出提案；

（六）依照《中华人民共和国公司法》第一百五十二条的规定，对董事、高级管理人员提起诉讼；

（七）公司章程规定的其他职权。（注：由股东自行确定，如股东不做具体规定应将此项删除。）

监事可以列席董事会会议。

第六章　公司的法定代表人

第十九条　董事长为公司的法定代表人。（注：也可以约定由经理担任。）

公司法定代表人变更，应当办理变更登记。

第二十条　法定代表人行使下列职权：

（一）代表公司签署有关文件；

（二）在发生战争、特大自然灾害等紧急情况下，对公司事务行使特别裁决权和处置权，但这类裁决权和处置权须符合公司利益，并在事后向股东报告。

（三）公司章程规定的其他职权。（注：由股东会或者董事会自行确定，如不作具体规定应将此项删除。）

第七章 公司利润分配办法

第二十一条 税后利润的分配按照实缴出资比例进行分配，公司持有的本公司股份不得分配利润。

公司一年进行一次利润分配，次年＿＿月底前对上年度取得的可分配利润进行分配；每次利润分配的额度不得低于可分配利润的＿＿％；股东会另有决议的除外。

第八章 公司的解散事由与清算办法

第二十二条 公司有以下情形之一时，解散并进行清算：

（一）公司章程规定的营业期限届满或者公司章程规定的其他解散事由出现；

（二）股东大会决议解散；

（三）因公司合并或者分立需要解散；

（四）依法被吊销营业执照、责令关闭或者被撤销；

（五）人民法院依照《中华人民共和国公司法》第一百八十二条的规定予以解散。

第九章 公司的通知和公告办法

第二十三条 公司通知股东或者董事、监事、高级管理人员的方式可采用邮递、电子邮件、微信、短信、电话、全国性发行的报纸公告等送达形式。

公司通知采用邮递、电子邮件、微信、短信、电话形式的，按照股东在公司的通讯录上记载的联系方式进行通知。如果通讯方式发生变化，必须在48小时内书面向公司备案。

以邮递方式进行送达的以签收视为送达，以电子邮件、微信、短信方式送达的发出后即视为送达；以电话方式进行送达的电话接通后视为及时送达，以公告形式送达的公告后3日（含公告当日）内视为送达。

第十章　股东会会议认为需要规定的其他事项

第二十四条　公司的股权转让依照《中华人民共和国公司法》第三章规定的内容执行。（注：公司章程可另行规定。）

第二十五条　公司董事、监事、高级管理人员的资格和义务依照《中华人民共和国公司法》第六章规定的内容执行。

第二十六条　公司的财务、会计制度依照《中华人民共和国公司法》第八章规定的内容执行。

第二十七条　公司解散和清算依照《中华人民共和国公司法》《中华人民共和国公司登记管理条例》规定的内容执行。

第二十八条　公司的营业期限为＿＿＿＿＿＿年，自公司营业执照签发之日起计算。（注：营业期限也可为长期。）

公司营业期限届满，可以通过修改公司章程而存续。

公司延长营业期限应当办理变更登记。

第十一章　附　则

第二十九条　公司登记事项以公司登记机关核定的为准。

第三十条　本章程未规定的其他事项，适用《中华人民共和国公司法》《中华人民共和国公司登记管理条例》等法律、法规、规章的有关规定。

本章程中的各项条款如与法律、法规、规章的规定相抵触，以法律、法规、规章的规定为准。

第三十一条　本章程经全体股东共同订立，自公司成立之日起生效（国家法律法规另有规定的从其规定）。

第三十二条　本章程一式_____份，股东各留存一份，公司留存一份，并报公司登记机关一份。

全体股东签字、盖章：

_____有限责任公司

_____年_____月_____日

适用于(设董事会、监事会的)有限责任公司的章程参考文本

_____有限责任公司章程

(仅供参考)

为维护公司、股东和债权人的合法权益,规范公司的组织和行为,依据《中华人民共和国公司法》《中华人民共和国公司登记管理条例》及有关法律、法规、规章的规定,制定本章程。

第一章 公司名称和住所

第一条 公司名称:_____。

第二条 住所:_____。(注:明确表述所在市(区)、县、乡镇(村)及街道门牌号码、楼宇号码。)

提示:建议住所与实际经营地址情况一致,否则容易被工商局及税务局列入经营异常名单。

第二章 公司经营范围

第三条 公司经营范围:_____。(注:以上经营范围以公司登记机关核发的营业执照记载的事项为准;涉及许可经营项目的,应在取得有关部门的许可后方可经营。)

公司改变经营范围,应当修改公司章程,并向登记机关办理变更登记。

提示:出现新业务时要及时修改章程,建议不要超范围经营,否则可能被认定为无效交易行为,受到工商部门的行政处罚,严重的可能涉嫌非法经营罪。

第三章 公司注册资本

第四条 公司注册资本为＿＿＿＿＿＿万元人民币，为在公司登记机关登记的全体股东认缴的出资额。

公司变更注册资本，应当修改公司章程，并向登记机关申请变更登记。

第四章 股东的姓名或者名称、出资额、出资方式及出资时间

第五条 股东的姓名或者名称、出资额、出资方式及出资时间如下：

股东姓名（或名称）	认缴情况			实缴情况			余额缴付情况		
	出资额（万元）	出资方式	持股比例（%）	出资额（万元）	出资方式	出资时间	出资额（万元）	出资方式	出资时间（股东约定时间）
合计									

（注：股东出资时间应在公司营业期限内，公司设立时注册资本实缴到位的可删除余额缴付情况栏。）

第五章 公司的机构及其产生办法、职权、议事规则

第六条 股东会由全体股东组成，是公司的权力机构，行使下列职权：

（一）决定公司的经营方针和投资计划；

（二）选举和更换非由职工代表担任的董事、监事，决定有关董事、监事的报酬事项；

（三）审议批准董事会的报告；

（四）审议批准监事的报告；

（五）审议批准公司的年度财务预算方案、决算方案；

（六）审议批准公司的利润分配方案和弥补亏损的方案；

（七）对公司增加或者减少注册资本作出决议；

（八）对发行公司债券作出决议；

（九）对公司合并、分立、解散、清算或者变更公司形式作出决议；

（十）修改公司章程；

（十一）制定和修改股东会、董事会、监事会的议事规则；

（十二）公司章程规定的其他职权。（注：由股东自行确定，如股东不做具体规定应将此项删除。）

对前款所列事项股东以书面形式一致表示同意的，可以不召开股东会会议，直接作出决定，并由全体股东在决定文件上签名、盖章。

提示：以上前十项为股东会法定约定事项，其他为可以自行约定的事项。

第七条　首次股东会会议由出资最多的股东召集和主持，依照《中华人民共和国公司法》及本章程规定行使职权。

第八条　股东会会议分为定期会议和临时会议。

定期会议每年召开一次。（注：由股东自行确定召开的次数和时间。）

代表十分之一以上表决权的股东，三分之一以上的董事，监事会提议召开临时会议的，应当召开临时会议。

召开股东会会议，应当于会议召开十五日前通知全体股东。（注：全体股东可自行确定通知时间。）

股东会应当对所议事项的决定作成会议记录，出席会议的股东应当在会议记录上签名（或盖章）。

第九条　股东会会议由董事会召集，董事长主持；董事长不能履行职务或者不履行职务的，由半数以上董事共同推举一名董事主持。（注：设副董事长的，由副董事长主持。）

董事会不能履行或者不履行召集股东会会议职责的，由监事会召集和主持；监事会不召集和主持的，代表十分之一以上表决权的股东可以自行召集和主持。

第十条　股东会会议由股东按照出资比例行使表决权。（注：本条可由股东自行确定按照何种方式行使表决权。）

第十一条　股东会会议作出修改公司章程、增加或者减少注册资本的决议，以及公司合并、分立、解散或者变更公司形式的决议，必须经代表三分之二以上表决权的股东通过。（注：股东会的其他议事方式和表决程序可由股东自行确定。）

第十二条　公司设董事会，成员为_____人（注：成员为三人至十三人），由股东会选举产生。董事任期_____年（注：每届任期不得超过三年），任期届满，连选可以连任。

董事会设董事长一人，由董事会选举产生。（注：可以设副董事长，董事长、副董事长的产生办法由股东自行确定。）

董事任期届满未及时改选，或者董事在任期内辞职导致董事会成员低于法定人数的，在改选出的董事就任前，原董事仍应当依照法律、行政法规和本章程的规定，履行董事职务。

第十三条　董事会对股东会负责，行使下列职权：

（一）召集股东会会议，并向股东会报告工作；

（二）执行股东会的决议；

（三）决定公司的经营计划和投资方案；

（四）制定公司的年度财务预算方案、决算方案；

（五）制定公司的利润分配方案和弥补亏损方案；

（六）制定公司增加或者减少注册资本及发行公司债券的方案；

（七）制定公司合并、分立、解散或者变更公司形式的方案；

（八）决定公司内部管理机构的设置；

（九）决定聘任或者解聘公司经理及其报酬事项，并根据经理的提名决定聘任或者解聘公司副经理、财务负责人及其报酬事项；

（十）制定公司的基本管理制度；

（十一）公司章程规定的其他职权。（注：由股东自行确定，如股东不做具体规定应将此项删除。）

第十四条 董事会会议由董事长召集和主持；董事长不能履行职务或者不履行职务的，由半数以上董事共同推举一名董事召集和主持。（注：设副董事长的，由副董事长主持。）

第十五条 董事会决议的表决，实行一人一票。

董事会应当对所议事项的决定作成会议记录，出席会议的董事应当在会议记录上签名。（注：董事会的议事方式和表决程序，由股东自行确定。）

第十六条 公司设经理，由董事会决定聘任或者解聘。经理对董事会负责，行使下列职权：

（一）主持公司的生产经营管理工作，组织实施董事会决议；

（二）组织实施公司年度经营计划和投资方案；

（三）拟订公司内部管理机构设置方案；

（四）拟订公司的基本管理制度；

（五）制定公司的具体规章；

（六）提请聘任或者解聘公司副经理、财务负责人；

（七）决定聘任或者解聘除应由董事会决定聘任或者解聘以外的负责管理人员；

（八）董事会授予的其他职权。（注：由董事会自行确定，如董事会不作具体规定应将此项删除。公司章程对经理职权还可作出其他规定。）

经理列席董事会会议。

第十七条 公司设监事会，其成员3人，由公司股东会选举产生2名，另外1名由公司职工代表担任。（注：监事会成员不得少于三人，由股东自行确定成员，但其中职工代表的比例不得低于三分之一。）

董事、高级管理人员不得兼任监事。

监事会设主席一人，由全体监事过半数选举产生。监事会主席召集和主持监事会会议；监事会主席不能履行职务或者不履行职务的，由半数以上监事共同推举一名监事召集和主持监事会会议。

监事的任期每届为三年，任期届满，连选可以连任。

监事任期届满未及时改选，或者监事在任期内辞职导致监事会成员低于法定人数的，在改选出的监事就任前，原监事仍应当依照法律、行政法规和公司章程的规定，履行监事职务。

第十八条 监事会行使下列职权：

（一）检查公司财务；

（二）对董事、高级管理人员执行公司职务的行为进行监督，对违反法律、行政法规、公司章程或者股东会决议的董事、高级管理人员提出罢免的建议；

（三）当董事、高级管理人员的行为损害公司的利益时，要求董事、高级管理人员予以纠正；

（四）提议召开临时股东会会议，在董事会不履行本法规定的召集和主持股东会会议职责时召集和主持股东会会议；

（五）向股东会会议提出提案；

（六）依照《中华人民共和国公司法》第一百五十二条的规定，对董事、高级管理人员提起诉讼；

（七）公司章程规定的其他职权。（注：由股东自行确定，如股东不做具体规定应将此项删除。）

监事可以列席董事会会议。

第十九条 监事会每年度至少召开一次会议，监事可以提议召开临时监事会会议。

监事会决议应当经半数以上监事通过。

监事会应当对所议事项的决定作成会议记录，出席会议的监事应当在会议记录上签名。（注：由股东自行确定监事会的其他议事方式和表决程序。）

第六章　公司的法定代表人

第二十条 董事长（或者经理）为公司的法定代表人。

公司法定代表人变更，应当办理变更登记。

第二十一条　法定代表人行使下列职权：

（一）代表公司签署有关文件；

（二）在发生战争、特大自然灾害等紧急情况下，对公司事务行使特别裁决权和处置权，但这类裁决权和处置权须符合公司利益，并在事后向股东报告。

（三）公司章程规定的其他职权。（注：由股东会或者董事会自行确定，如不作具体规定应将此项删除。）

第七章　股东会会议认为需要规定的其他事项

第二十二条　公司的股权转让依照《中华人民共和国公司法》第三章规定的内容执行。（注：公司章程可另有规定。）

第二十三条　公司董事、监事、高级管理人员的资格和义务依照《中华人民共和国公司法》第六章规定的内容执行。

第二十四条　公司的财务、会计制度依照《中华人民共和国公司法》第八章规定的内容执行。

第二十五条　公司解散和清算依照《中华人民共和国公司法》《中华人民共和国公司登记管理条例》规定的内容执行。

第二十六条　公司的营业期限为＿＿年，自公司营业执照签发之日起计算。（注：营业期限也可为长期。）

公司营业期限届满，可以通过修改公司章程而存续。

公司延长营业期限应当办理变更登记。

第八章　附　则

第二十七条　公司登记事项以公司登记机关核定的为准。

第二十八条　本章程未规定的其他事项，适用《中华人民共和国公司法》《中华人民共和国公司登记管理条例》等法律、法规、规章的有关规定。

本章程中的各项条款如与法律、法规、规章的规定相抵触，以法律、法规、规章的规定为准。

第二十九条　本章程经全体股东共同订立，自公司成立之日起生效（国家法律法规另有规定的从其规定）。

第三十条　本章程一式____份，股东各留存一份，公司留存一份，并报公司登记机关一份。

全体股东签字、盖章：

　　　　　　　　　　　　　　　　　　　____有限责任公司

　　　　　　　　　　　　　　　　　　　____年____月____日

适用于（设执行董事、监事的）有限责任公司的章程参考文本

河北****房地产开发有限公司

章程

为维护公司、股东和债权人的合法权益,规范公司的组织和行为,依据《中华人民共和国公司法》《中华人民共和国公司登记管理条例》及有关法律、法规、规章的规定,制定本章程。

第一章 公司名称和住所

第一条 公司名称: 河北****房地产开发有限公司。

第二条 住所: _____。

第二章 公司经营范围

第三条 公司经营范围: 房地产开发与经营, 室内外装饰装修工程的施工。（法律、法规及国务院决定禁止或者限制的事项, 不得经营; 需其他部门审批的事项, 待批准后, 方可经营）。

公司改变经营范围, 应当修改公司章程, 并向登记机关办理变更登记。

第三章 公司注册资本

第四条 公司注册资本为10 000万元人民币, 为在公司登记机关登记的全体股东认缴的出资额。

公司变更注册资本，应当修改公司章程，并向登记机关申请变更登记。

第四章 股东的姓名或者名称、认缴出资额、出资方式及认缴出资时间

第五条 股东的姓名或者名称、认缴出资额、出资方式及认缴出资时间如下：

股东（或发起人）姓名或名称	认缴情况			实缴情况			余缴情况		
	出资额（万元）	出资方式	持股比例（%）	出资额（万元）	出资方式	出资时间	出资额（万元）	出资方式	出资时间
合计									

股东逾期缴纳出资的，每逾期一日按照应缴未缴部分的千分之五作为补偿金支付给公司，并且逾期任何金额超过30天未能缴纳的，经过其他股东过半数同意，可以将该股东的出资部分进行减资或者由其他股东按照实缴出资比例或者其他股东商定的比例缴纳。其他股东缴纳后，所缴纳的出资及对应的股权均由实际缴纳的股东享有。

第五章 公司的机构及其产生办法、职权、议事规则

第六条 股东会由全体股东组成，是公司的权力机构，行使下列职权：

（一）决定公司的经营方针和投资计划；

（二）选举和更换执行董事、监事，决定执行董事、监事的报酬事项；

（三）审议批准执行董事的报告；

（四）审议批准监事的报告；

（五）审议批准公司的年度财务预算方案、决算方案；

（六）审议批准公司的利润分配方案和弥补亏损的方案；

（七）对公司增加或者减少注册资本作出决议；

（八）对发行公司债券作出决议；

（九）对公司合并、分立、解散、清算或者变更公司形式作出决议；

（十）修改公司章程；

（十一）根据公司的资金使用情况，决定股东提前缴纳出资的方案；

（十二）公司章程规定的其他职权。

对前款所列事项股东以书面形式一致表示同意的，可以不召开股东会会议，直接作出决定，并由全体股东在决定文件上签名、盖章。

第七条　首次股东会会议由出资最多的股东召集和主持，依照《中华人民共和国公司法》及本章程规定行使职权。

第八条　股东会会议分为定期会议和临时会议。

定期会议每年召开一次。代表十分之一以上表决权的股东，执行董事，监事提议召开临时会议的，应当召开临时会议。召开股东会会议，应当于会议召开十五日前通知全体股东。

股东会的召集人按照股东备案、留存在公司的通信方式（包含但不限于：手机号码、微信、电子邮箱、通信地址等）进行通知即可。如果没有没明确备案的通讯方式，按照备案、留存在公司登记部门的通讯方式通知即可；按照预留的手机号通过短信、通过微信及邮箱发送成功立即视为送达成功，或者按照其通信地址通过邮寄信函方式送达的，被亲自、雇员、家庭成员或其他授权的人签收的，以及无正当理由被拒收的均视为送达；如果因为通讯方式发生变更，而没有及时向公司、公司登记部门进行备案的，造成的后果由股东自行承担。

公司及公司登记部门均没有备案、留存通信方式的，召集人可以采用在公司所在地省级以上（含省级）的报纸上通过公告的方式送达，公告之日即视为已经送达。

股东会应当对所议事项的决定作成会议记录，出席会议的股东应当在会议记录上签名（或盖章），经过合法通知而缺席的股东视为放弃表决权。

第九条　股东会会议由执行董事召集和主持。

执行董事不能履行或者不履行召集股东会会议职责的，由监事召集和主持；监事不召集和主持的，代表十分之一以上表决权的股东可以自行召集和主持。

第十条　股东会会议由股东按照认缴出资比例行使表决权，存在逾期未能出资、抽逃出资、瑕疵出资问题的股东，其逾期出资、抽逃出资、瑕疵出资部分不享有表决权。

第十一条　股东会作出决议，必须经全体股东所持表决权过半数通过。但是，股东会会议作出修改公司章程、选举公司的执行董事、增加或者减少注册资本的决议，以及公司合并、分立、解散或者变更公司形式的决议，必须经代表三分之二以上表决权的股东通过。

第十二条　公司不设董事会，设执行董事一人，执行董事由股东会选举产生。执行董事任期三年，任期届满，连选可以连任。

第十三条　执行董事对股东会负责，行使下列职权：

（一）召集股东会会议，并向股东会报告工作；

（二）执行股东会的决议；

（三）决定公司的经营计划和投资方案；

（四）制定公司的年度财务预算方案、决算方案；

（五）制定公司的利润分配方案和弥补亏损方案；

（六）制定公司增加或者减少注册资本及发行公司债券的方案；

（七）制定公司合并、分立、解散或者变更公司形式的方案；

（八）决定公司内部管理机构的设置；

（九）决定聘任或者解聘公司经理及其报酬事项；

（十）根据经理的提名决定聘任或者解聘公司副经理、财务负责人及其报酬事项；

（十一）制定公司的基本管理制度；

（十二）根据公司的资金使用情况，制定股东提前缴纳出资的方案；

（十三）公司章程规定的其他职权。

第十四条 公司设经理，由执行董事决定聘任或者解聘。经理对执行董事负责，行使下列职权：

（一）主持公司的生产经营管理工作，组织实施执行董事决议；

（二）组织实施公司年度经营计划和投资方案；

（三）拟订公司内部管理机构设置方案；

（四）拟订公司的基本管理制度；

（五）制定公司的具体规章；

（六）提请聘任或者解聘公司副经理、财务负责人；

（七）决定聘任或者解聘除应由执行董事决定聘任或者解聘以外的负责管理人员；

（八）执行董事授予的其他职权。

第十五条 公司设监事一人。监事由公司股东会选举产生。执行董事、高级管理人员不得兼任监事。

监事的任期每届为三年，任期届满，连选可以连任。

第十六条 监事行使下列职权：

（一）检查公司财务；

（二）对执行董事、高级管理人员执行公司职务的行为进行监督，对违反法律、行政法规、公司章程或者股东会决议的执行董事、高级管理人员提出罢免的建议；

（三）当执行董事、高级管理人员的行为损害公司的利益时，要求执行董事、高级管理人员予以纠正；

（四）提议召开临时股东会会议，在执行董事不履行本法规定的召集和主持股东会会议职责时召集和主持股东会会议；

（五）向股东会会议提出提案；

（六）《中华人民共和国公司法》规定的其他职权。

第六章　公司的法定代表人

第十七条　经理为公司的法定代表人。

公司法定代表人变更，应当办理变更登记。

第十八条　法定代表人行使下列职权：

（一）代表公司签署有关文件；

（二）在发生战争、特大自然灾害等紧急情况下，对公司事务行使特别裁决权和处置权，但这类裁决权和处置权须符合公司利益，并在事后向股东报告。

（三）公司章程规定的其他职权。

第七章　股东会会议认为需要规定的其他事项

第十九条　公司的股权转让依照《中华人民共和国公司法》第三章规定的内容执行。

第二十条　公司执行董事、监事、高级管理人员的资格和义务依照《中华人民共和国公司法》第六章规定的内容执行。

第二十一条　公司的财务、会计制度依照《中华人民共和国公司法》第八章规定的内容执行。

股东可以要求查阅公司会计账簿，股东查阅公司会计账簿的程序：

第一，由股东持出资证明书原件和身份证原件向公司的财务负责人提出书面申请，申请中需要说明所需要查阅的内容、拟查阅的时间、查阅的目的；

第二，财务负责人收到股东的书面申请后，需要于15个工作日内完成对股东的申请书、出资证明书原件和身份证原件的审查；经过审查认为符合条件的，为了保证财务资料的安全性，需要在30个工作日内，在公司指定的地点和时间安排股东查阅财务账簿。股东需要在公司指定的地点和时间查阅财务账簿，如果逾期未去查阅或者未能完成查阅的，应当另行申请；

第三，如果财务负责人经过对股东的申请书、出资证明书原件和身份证原件的审查，认为不符合查阅条件的，应当告知股东。股东对拒绝查阅有异议的，可以在接到拒绝查阅的通知后，5个工作日内书面向公司的经理提出异议申请；公司经理需要于15个工作日内完成对股东的申请书、异议申请书、出资证明书原件和身份证原件的审查，仍然认为不符合查阅条件的，应当告知股东；经理经过审查认为符合条件的，为了保证财务资料的安全性，需要在30个工作日内，在公司指定的地点和时间安排股东查阅财务账簿。股东需要在公司指定的地点和时间查阅财务账簿，如果逾期未去查阅或者未能完成查阅的，应当另行申请。

第四，股东有权查阅、复制公司章程、股东会会议记录、董事会会议决议、监事会会议决议和财务会计报告的内容；不得复制、摘录、抄写公司的会计账簿，且查阅会计账簿的范围仅限于会计账簿中保留的凭证和资料，不包括未附在会计账簿中的合同、付款凭证、银行流水等资料。

第二十二条 公司股东按照实缴的出资比例行使分红权及剩余财产的分配请求权。

第二十三条 公司解散和清算依照《中华人民共和国公司法》《中华人民共和国公司登记管理条例》规定的内容执行。

第二十四条 自然人股东死亡后，其合法继承人想要继承股东资格的，需要经过其他股东过半数同意，其他股东不同意的可以由其他股东与其合法继承人协商购买该股权；协商不成的，由其他股东按照实缴出资比例或者商定的比例，按照最近一次经审计的公司净资产对应的股权所占的比例金额进行收购；其他股东既不同意由其合法继承人继承也不同意购买的，可以对该死亡股东的股权按照法律程序进行减资，或者由公司组织对该死亡股东的股权进行拍卖；减资所得款项或者拍卖股权所得款项，在扣除减资及拍卖的费用后，由公司支付给其合法继承人。

继承人主张权利的时候需要提交合法、生效的法院判决书、公证处的公证书、律师见证书等资料证明其继承人的资格及所继承的份额。

第二十五条 公司的营业期限为20年，自公司营业执照签发之日起计算。

公司营业期限届满，可以通过修改公司章程而存续。

公司延长营业期限应当办理变更登记，并依法于届满前向公司登记机关提出申请。

<h3 style="text-align:center">第八章 附 则</h3>

第二十六条 公司登记事项以公司登记机关核定的为准。

第二十七条 本章程未规定的其他事项，适用《中华人民共和国公司法》《中华人民共和国公司登记管理条例》等法律、法规、规章的有关规定。

本章程中的各项条款如与法律、法规、规章的规定相抵触，以法律、法规、规章的规定为准。

第二十八条 本章程经全体股东共同订立，自公司登记之日起生效（国家法律法规另有规定的从其规定）。

第二十九条 本章程一式____份，股东各留存一份，公司留存一份，并报公司登记机关一份。

股东签字：

河北****房地产开发有限公司

____年____月____日

适用于股份公司的章程参考文本

_____股份公司章程

为维护公司、股东和债权人的合法权益，规范公司的组织和行为，依据《公司法》《公司登记管理条例》及有关法律、法规、规章的规定，制定本章程。

第一章 公司名称和住所

第一条 公司名称：_____。

第二条 住所：_____。

第二章 公司经营范围

第三条 公司经营范围：_____。（注：以上经营范围以公司登记机关核发的营业执照记载的事项为准，涉及许可审批的经营范围及期限，以许可审批机关核定的为准）。

公司改变经营范围，应当修改公司章程，并向登记机关办理变更登记。

第三章 公司设立方式

第四条 公司以发起设立的方式组建。公司设立时，全体股东即为发起人，全体发起人认购公司的全部股份。

第四章 公司股份总数、每股金额和注册资本

第五条 公司股份总数：_____。

第六条 公司股份每股金额：_____。

第七条 公司注册资本：_____。

第八条 公司增加或减少注册资本，必须召开股东大会并做出决议。

第五章 发起人的姓名或者名称、认购的股份数、出资方式及出资时间

第九条 发起人的姓名或者名称、认购的股份数、出资方式及出资时间如下：

发起人姓名（或名称）	认缴情况			实缴情况			分期缴付情况		
	认购的股份数（万股）	出资方式	持股比例（%）	认购的股份数	出资方式	出资时间（验资证明出具时间）	认购的股份数（股份）	出资方式	出资时间（发起人约定时间）
合计									

第六章 公司股东大会的组成、职权和议事规则

第十条 公司股东大会由全体发起人（股东）组成。股东大会是公司的权力机构，其职权是：

（一）决定公司的经营方针和投资计划；

（二）选举和更换非由职工代表担任的董事、监事，决定有关董事、监事的报酬事项；

（三）审议批准董事会的报告；

（四）审议批准监事会的报告；

（五）审议批准公司的年度财务预算方案、决算方案；

（六）审议批准公司的利润分配方案和弥补亏损方案；

（七）对公司增加或者减少注册资本作出决议；

（八）对发行公司债券作出决议；

（九）对公司合并、分立、解散、清算或者变更公司形式作出决议；

（十）修改公司章程。

第十一条 股东大会应当每年召开一次年会。有下列情形之一的，应当在两个

月内召开临时股东大会：

（一）董事人数不足《中华人民共和国公司法》规定人数或者公司章程所定人数的三分之二时；

（二）公司未弥补的亏损达实收股本总额三分之一时；

（三）单独或合计持有公司百分之十以上股份的股东请求时；

（四）董事会认为必要时；

（五）监事会提议召开时。

第十二条 股东大会会议由董事会召集，董事长主持；董事长不能履行职务或不履行职务的，由副董事长主持；副董事长不能履行职务的，由半数以上董事共同推举一名董事主持。

董事会不能履行或者不履行召集股东大会会议职责的，监事会应当及时召集和主持；监事会不召集和主持的，连续九十日以上单独或者合计持有公司百分之十以上股份的股东可以自行召集和主持。

第十三条 召开股东大会会议，主持人或者其委托的第三人应当将会议召开的时间、地点和审议的事项于会议召开二十日前通知各股东；临时股东大会应当于会议召开十五日前，通知各股东；发行无记名股票的，应当于会议召开三十日前公告会议召开的时间、地点和审议的事项。

单独或者合计持有公司百分之三以上股份的股东，可以在股东大会召开十日前提出临时提案并书面提交董事会；董事会应当在收到提案后二日内通知其他股东，并将该临时提案提交股东大会审议。临时提案的内容应当属于股东大会职权范围，并有明确议题和具体决议事项。

股东大会不得对前两款通知中未列明的事项作出决议。

无记名股票持有人出席股东大会会议的，应当于会议召开五日前至股东大会闭会时将股票交存于公司。

第十四条 股东出席股东大会会议，所持每一实缴的股份有一表决权。但是，公司持有的本公司股份没有表决权。

股东大会作出决议，必须经出席会议的股东所持表决权过半数通过。但是，股东大会作出修改公司章程、增加或者减少注册资本的决议，以及公司合并、分立、解散或者变更公司形式的决议，必须经出席会议的股东所持表决权的三分之二以上通过。

第十五条　公司转让、受让重大资产（达到公司总资产10%以上的）或者对外提供担保等事项，必须经股东大会作出决议的，董事会应当及时召集股东大会会议，由股东大会就上述事项进行表决。

第十六条　股东大会选举董事、监事，可以依照公司章程的规定或者股东大会的决议，实行累积投票制。

第十七条　股东可以委托代理人出席股东大会会议，代理人应当向公司提交股东授权委托书，并在授权范围内行使表决权。

第十八条　股东大会应当对所议事项的决定作成会议记录，主持人、出席会议的董事应当在会议记录上签名。会议记录应当与出席股东的签名册及代理出席的委托书一并保存。

第七章　董事会的组成、职权和议事规则

第十九条　公司设董事会，成员为九人，由股东大会选举产生。董事任期两年，任期届满，连选可以连任。

董事会设董事长一人，副董事长一人，由董事会以全体董事的过半数选举产生。

董事任期届满未及时改选，或者董事在任期内辞职导致董事会成员低于法定人数的，在改选出的董事就任前，原董事仍应当依照法律、行政法规和本章程的规定，履行董事职务。

第二十条　董事会对股东大会负责，行使下列职权：

（一）召集股东大会会议，并向股东大会报告工作；

（二）执行股东大会的决议；

（三）决定公司的经营计划和投资方案；

（四）制定公司的年度财务预算方案、决算方案；

（五）制定公司的利润分配方案和弥补亏损方案；

（六）制定公司增加或者减少注册资本及发行公司债券的方案；

（七）制定公司合并、分立、解散或者变更公司形式的方案；

（八）决定公司内部管理机构的设置；

（九）决定聘任或者解聘公司经理及其报酬事项，并根据经理的提名决定聘任或者解聘公司副经理、财务负责人及其报酬事项；

（十）制定公司的基本管理制度。

第二十一条　董事长召集和主持董事会会议，检查董事会决议的实施情况；副董事长协助董事长工作，董事长不能履行职务或者不履行职务的，由副董事长履行职务；副董事长不能履行职务或者不履行职务的，由半数以上董事共同推举一名董事履行职务。

第二十二条　董事会每年度至少召开两次会议，每次会议应当于会议召开十日前通知全体董事和监事。

代表十分之一以上表决权的股东、三分之一以上董事或者监事会，可以提议召开董事会临时会议。董事长应当自接到提议后十日内，召集和主持董事会会议。

董事会召开临时会议的通知方式和通知时限，由发起人或董事自行约定。

第二十三条　董事会会议应有过半数的董事出席方可举行。董事会作出决议，必须经全体董事的过半数通过。

董事会决议的表决，实行一人一票。如有缺席或者弃权等情形，致使无法形成有效决议的，董事长拥有二票进行最终的表决。

第二十四条　董事会会议，应由董事本人出席；董事因故不能出席，可以书面委托其他董事代为出席，委托书中应载明授权范围。

董事会应当对会议所议事项的决定作成会议记录，出席会议的董事应当在会议记录上签名。

董事应当对董事会的决议承担责任。董事会的决议违反法律、行政法规或者公司章程、股东大会决议，致使公司遭受严重损失的，参与决议的董事对公司负赔偿责任。但经证明在表决时曾表明异议并记载于会议记录的，该董事可以免除责任。

第二十五条　公司设总经理，由董事会决定聘任或者解聘。董事会成员可兼任总经理。总经理对董事会负责，行使下列职权：

（一）主持公司的生产经营管理工作，组织实施董事会决议；

（二）组织实施公司年度经营计划和投资方案；

（三）拟订公司内部管理机构设置方案；

（四）拟订公司的基本管理制度；

（五）制定公司的具体规章；

（六）提请聘任或者解聘公司副经理、财务负责人；

（七）决定聘任或者解聘除应由董事会决定聘任或者解聘以外的负责管理人员。

总经理列席董事会会议。

第八章　公司的法定代表人

第二十六条　董事长为公司的法定代表人。公司法定代表人变更，应当办理变更登记。

第二十七条　法定代表人行使下列职权：

（一）代表公司签署有关文件；

（二）在发生战争、特大自然灾害等紧急情况下，对公司事务行使特别裁决权和处置权，但这类裁决权和处置权须符合公司利益，并在事后向股东报告。

第九章　监事会的组成、职权和议事规则

第二十八条　公司设监事会,其成员三人,由公司股东会选举产生两名,另外一名由公司职工代表担任。董事、高级管理人员不得兼任监事。

监事会设主席一人,由全体监事过半数选举产生。监事会主席召集和主持监事会会议;监事会主席不能履行职务或者不履行职务的,由监事会副主席召集和主持;监事会副主席不能履行职务或者不履行职务的,由半数以上监事共同推举一名监事召集和主持监事会会议。

监事的任期每届为三年,任期届满,连选可以连任。

监事任期届满未及时改选,或者监事在任期内辞职导致监事会成员低于法定人数的,在改选出的监事就任前,原监事仍应当依照法律、行政法规和公司章程的规定,履行监事职务。

第二十九条　监事会行使下列职权:

(一)检查公司财务;

(二)对董事、高级管理人员执行公司职务的行为进行监督,对违反法律、行政法规、公司章程或者股东会决议的董事、高级管理人员提出罢免的建议;

(三)当董事、高级管理人员的行为损害公司的利益时,要求董事、高级管理人员予以纠正;

(四)提议召开临时股东会会议,在董事会不履行本法规定的召集和主持股东会会议职责时召集和主持股东会会议;

(五)向股东会会议提出提案;

(六)依照《中华人民共和国公司法》第一百五十二条的规定,对董事、高级管理人员提起诉讼;

监事可以列席董事会会议。

第三十条　监事会每六个月至少召开一次会议,监事可以提议召开临时监事会会议。

监事会决议应当经半数以上监事通过。

监事会应当对所议事项的决定作成会议记录，出席会议的监事应当在会议记录上签名。

第十章　公司利润分配办法

第三十一条　公司分配当年税后利润时，应当提取利润的百分之十列入公司法定公积金。公司的法定公积金不足以弥补以前年度亏损的，在依照前款规定提取法定公积金前，应当先用当年利润弥补亏损。

第三十二条　税后利润的分配方式由股东自行约定。公司持有的本公司股份不得分配利润。

公司一年进行一次利润分配，次年___月底前对上年度取得利润进行分配；每次利润分配的额度不得低于可分配利润的____%；股东会另有决议的除外。

第十一章　公司的解散事由与清算办法

第三十三条　公司有以下情形之一时，解散并进行清算：

（一）公司章程规定的营业期限届满或者公司章程规定的其他解散事由出现；

（二）股东大会决议解散；

（三）因公司合并或者分立需要解散；

（四）依法被吊销营业执照、责令关闭或者被撤销；

（五）人民法院依照《中华人民共和国公司法》第一百八十二条的规定予以解散。

第三十四条　公司因本章程第三十三条第（一）项、第（二）项、第（四）项、第（五）项规定而解散的，应当在解散事由出现之日起十五日内成立清算组，开始清算。

第三十五条　清算组应当自成立之日起十日内通知债权人，并于六十日内在报纸上公告。

第三十六条 在申报债权期间,清算组不得对债权人进行清偿。

第十二章 公司的通知和公告办法

第三十七条 公司有下列情形之一的,应予通知:

(一)公司发起人决定减少或增加注册资本;

(二)公司发行无记名股票;

(三)公司合并或者分立。

第三十八条 公司通知可采用邮递、电子邮件、微信、短信、电话、全国性发行的报纸公告等送达形式。

公司通知采用邮递、电子邮件、微信、短信、电话形式的,按照股东在公司的通讯录上记载的联系方式进行通知;如通讯方式发生变化,必须在48小时内书面向公司备案。

以邮递方式进行送达的以签收视为送达,以电子邮件、微信、短信方式送达的发出后即视为送达,以电话方式进行送达的,电话接通后视为及时送达,以公告形式送达的公告后3日(含公告当日)内视为送达。

第十三章 股东大会会议认为需要规定的其他事项

第三十九条 公司的股份转让依照《中华人民共和国公司法》第五章第二节规定的内容执行。

第四十条 公司董事、监事、高级管理人员的资格和义务依照《中华人民共和国公司法》第六章规定的内容执行。

第四十一条 公司的财务、会计制度依照《中华人民共和国公司法》第八章规定的内容执行。

第四十二条 公司的营业期限为三十年,自公司营业执照签发之日起计算。

公司营业期限届满,可以通过修改公司章程而存续。修改公司章程,须经出席股东大会会议的股东所持表决权的三分之二以上通过。

公司延长营业期限应当办理变更登记，并依法于届满三十日前向公司登记机关提出申请。

第十四章 附 则

第四十三条 公司登记事项以公司登记机关核定的为准。

第四十四条 本章程未规定的其他事项，适用《中华人民共和国公司法》《中华人民共和国公司登记管理条例》等法律、法规、规章的有关规定。

本章程中的各项条款如与法律、法规、规章的规定相抵触，以法律、法规、规章的规定为准。

第四十五条 本章程经全体发起人（股东）共同订立，自公司登记之日起生效（国家法律法规另有规定的从其规定）。

第四十六条 本章程一式___份，发起人各留存一份，公司留存一份，并报公司登记机关一份。

第四十七条 本公司章程以本章程为准，如与其他机关备案的章程和文件发生冲突的以本章程为准。

全体发起人及投资人签字、盖章：

_____公司

_____年_____月_____日

股东协议

甲方: 张**

身份证号:

地址:

电话:

电子邮箱:

微信号:

乙方: 刘**

身份证号:

地址:

电话:

电子邮箱:

微信号:

丙方: 杜**

身份证号:

地址:

电话:

电子邮箱:

微信号:

甲、乙、丙三方因共同投资设立＿＿＿＿＿＿＿＿（以实际工商局核名为准，以下简称"公司"）事宜，特在友好协商基础上，根据《中华人民共和国民法典》《中华人民共和国公司法》等相关法律规定，达成如下协议：

一、拟设立公司的名称、住所、法定代表人、注册资本、经营范围、期限及性质

1. 公司名称：＿＿＿＿＿＿＿＿＿（以实际公司登记部门核名为准）；

2. 住 所：＿＿＿＿＿＿＿＿＿＿＿；

3. 法定代表人：张**；

4. 注册资本：壹佰万元整；

5. 经营范围：＿＿＿＿＿＿＿＿＿＿（具体以工商部门批准经营的项目为准）；

6. 经营期限：＿＿年，经全体股东一致同意可延长经营期限；

7. 性质：该公司是依照《中华人民共和国公司法》等相关法律规定成立的有限责任公司，甲、乙、丙三方各以其注册时认缴的出资额为限对公司承担责任。

二、股东及其出资入股情况

公司由甲、乙、丙三方股东共同投资设立，注册资本为壹佰万元整，认缴情况为：

股东的姓名或者名称、出资额、出资方式及出资时间如下：

股东姓名或名称	认缴情况		
	出资额（万元）	出资方式	持股比例
合计	100.00		100%

全体股东约定于公司注册后一个月内缴足各自认缴的注册资本。

三、公司管理及职能分工

股东会由全体股东组成，是公司的权力机构，行使下列职权：

1. 决定公司的经营方针和投资计划；

2. 选举和更换执行董事、监事，决定执行董事、监事的报酬事项；

3. 审议批准执行董事的报告；

4. 审议批准监事的报告；

5. 审议批准公司的年度财务预算方案、决算方案；

6. 审议批准公司的利润分配方案和弥补亏损的方案；

7. 对公司增加或者减少注册资本作出决议；

8. 对发行公司债券作出决议；

9. 对公司合并、分立、解散、清算或者变更公司形式作出决议；

10. 决定聘任或者解聘公司经理及其报酬事项；

11. 修改公司章程；

12. 对公司借款给股东、董事、监事、经理作出决议；

13. 对公司为股东、董事、监事、经理提供担保作出决议；

对前款所列事项股东以书面形式一致表示同意的，可以不召开股东会会议，直接作出决定，并由全体股东在决定文件上签名、盖章。

四、首次股东会会议由出资最多的股东召集和主持，依照《中华人民共和国公司法》及本章程规定行使职权。

五、股东会会议分为定期会议和临时会议。

定期会议每年召开一次。代表十分之一以上表决权的股东，执行董事，监事提议召开临时会议的，应当召开临时会议。

召开股东会会议，应当于会议召开十五日以前通知全体股东。

股东会应当对所议事项的决定作成会议记录，出席会议的股东应当在会议记录上签名（或盖章）。

六、股东会会议由执行董事召集和主持。

执行董事不能履行或者不履行召集股东会会议职责的，由监事召集和主持；监事不召集和主持的，代表十分之一以上表决权的股东可以自行召集和主持。

七、股东会会议由股东按照出资比例行使表决权。

八、股东会会议作出修改公司章程、增加或者减少注册资本的决议，以及公司合并、分立、解散或者变更公司形式的决议，必须经代表三分之二以上表决权的股东通过。

九、公司不设董事会，设执行董事一人，由甲方担任。执行董事任期三年，任期届满，连选可以连任。

十、执行董事对股东会负责，行使下列职权：

1. 召集股东会会议，并向股东会报告工作；

2. 执行股东会的决议；

3. 决定公司的经营计划和投资方案；

4. 制定公司的年度财务预算方案、决算方案；

5. 制定公司的利润分配方案和弥补亏损方案；

6. 制定公司增加或者减少注册资本及发行公司债券的方案；

7. 制定公司合并、分立、解散或者变更公司形式的方案；

8. 决定公司内部管理机构的设置；

9. 向股东会提名经理人选，并根据经理的提名决定聘任或者解聘公司副经理、财务负责人及其报酬事项；

10. 制定公司的基本管理制度；

十一、公司设经理，由乙方担任。执行董事可以兼任经理。

经理对股东会负责，行使下列职权：

1. 主持公司的生产经营管理工作；

2. 组织实施公司年度经营计划和投资方案；

3. 拟订公司内部管理机构设置方案；

4. 拟订公司的基本管理制度；

5. 制定公司的具体规章；

6. 提请聘任或者解聘公司副经理、财务负责人；

7. 决定聘任或者解聘除应由执行董事决定聘任或者解聘以外的负责管理人员。

十二、公司设监事一人，由丙方担任。

监事的任期每届为三年，任期届满，连选可以连任。

十三、监事行使下列职权：

1. 检查公司财务；

2. 对执行董事、高级管理人员执行公司职务的行为进行监督，对违反法律、行政法规、公司章程或者股东会决议的执行董事、高级管理人员提出罢免的建议；

3. 当执行董事、高级管理人员的行为损害公司的利益时，要求执行董事、高级管理人员予以纠正；

4. 提议召开临时股东会会议，在执行董事不履行本法规定的召集和主持股东会会议职责时召集和主持股东会会议；

5. 向股东会会议提出提案；

6. 《中华人民共和国公司法》规定的其他职权。

十四、公司的法定代表人由乙方担任。

十五、法定代表人行使下列职权：

1. 代表公司签署有关文件；

2. 在发生战争、特大自然灾害等发生不可抗力的紧急情况下，对公司事务行使特别裁决权和处置权，但这类裁决权和处置权须符合公司利益，并在事后向股东报告。

十六、甲方的工资报酬为＿＿＿元/月，乙方的工资报酬为＿＿＿元/月，丙方的工资报酬为＿＿＿元/月。

十七、利润分配。

1. 利润分配比例：

利润分配不按照实际出资比例分配，按照甲获得40%、乙30%、丙30%的比例分配。

2. 公司税后利润，在弥补公司前季度亏损，并提取法定公积金后，方可进行股东分红，股东分红的具体制度为：

（1）分红的时间：每年或每季度进行____次分红；

（2）分红的数额为：上个季度剩余利润的____%，经全体股东一致同意可以另行约定比例；

十八、股权转让或退股的约定

1. 股权转让：股东不得对外转让股权，但是经过其他股东一致同意的除外；对内转让股权可以不经过其他股东同意。

2. 退股：经营期限内任何一方不得要求退股。

3. 增资：若公司需要增资的，各股东按出资比例增加出资，若全体股东同意也可根据具体情况协商确定其他的增资办法；若增加第三方入股的，入股事宜须征得全体股东的一致同意。

十九、协议的解除或终止。

1. 发生以下情形，本协议立即终止：

（1）公司因客观原因未能设立；

（2）公司营业执照被依法吊销；

（3）公司被依法宣告破产；

（4）甲、乙、丙三方一致同意解除本协议。

2. 本协议解除后：

（1）甲、乙、丙三方共同进行清算，必要时可聘请中立方参与清算；

（2）若清算后有剩余，甲、乙、丙三方须在公司清偿全部债务后按出资比例分配剩余财产；

（3）若清算后有亏损，各方以出资比例分担。

二十、公司未能依法设立。

如果公司因故未成立，债权人请求本合同中全体各方或者部分对设立公司行为所产生的费用和债务承担连带清偿责任的，承担责任的一方或者多方承担责任后，请求其他方分担的，其他方按照拟出资比例分担责任。

因某方的过错导致公司未成立，其他方有权主张过错方承担设立行为所产生的费用和债务。

二十一、违约责任。

1. 任一方违反协议约定，未足额、按时缴付出资的，需承担由此给公司造成的一切损失，如果损失无法计算按照同期银行贷款利率向公司支付补偿；

2. 如果给股东造成损失的，赔偿给股东造成的损失。

3. 除上述出资违约外，任一方违反本协议约定使公司利益遭受损失的，须向公司承担赔偿责任，并向守约方按照认缴注册资本金额的百分之二十支付违约金。

二十二、其他。

1. 本协议自甲、乙、丙三方签字之日起生效，未尽事宜由三方另行签订补充协议，补充协议与本协议具有同等的法律效力；

2. 本协议约定中涉及甲、乙、丙三方内部权利义务的，若与公司章程不一致，以本协议为准；

3. 因本协议发生争议，三方应尽量协商解决，如协商不成，可将争议提交至公司住所地有管辖权的人民法院诉讼解决。

4. 本协议一式三份，甲、乙、丙三方各执一份，具有同等的法律效力。

甲方（签章）：

乙方（签章）：

丙方（签章）：

签订时间：＿＿＿年＿月＿日

股权代持关系协议

甲方（委托方）：

公民身份证号码：

住址：

联系方式：

指定邮箱：

乙方（受委托方）：

公民身份证号码：

住址：

联系方式：

指定邮箱：

甲乙双方本着平等互利的原则，经友好协商，根据《中华人民共和国民法典》等相关法律规定，就甲方委托乙方代持出资事宜达成如下协议，以资共同信守执行。

第一条 委托内容

截至本协议签署之日，甲方实际对乙方名下_____KTV进行全部投资，但以乙方名义进行投资。

实际的经营、管理及所有权、收益权均归甲方，乙方仅仅出借名义，乙方也不承担任何法律责任。

第二条 委托代理权限

1. 乙方接受甲方的出资委托后，有权根据法律及本协议的有关规定配合甲方行使出资权利。

2. 在代理期限内，乙方应定期或不定期地以书面形式向甲方通报其行使出资权利的有关情况。

第三条　委托代理期限

甲方委托乙方代持出资的期间为自____年__月__日至____年__月__日，在合同期限内，甲方可以根据情况终止委托代理协议，乙方应当无条件配合。

第四条　特别约定

1. 乙方不可依其自身的意志行使有关出资权利，但须保障该出资的保值增值；甲方有权对乙方行使该等出资的行为进行必要的监督。

2. 未经甲方书面同意，乙方不得以任何理由、任何方式处置（包括但不限于转让、划转、质押、委托行使出资等）本协议项下的甲方出资；

3. 在特别情况或甲方书面同意的情况下，乙方可代为收受因代持出资所产生的任何收益（包括现金股息、红利或任何其他收益分配），但应在获得该等收益后5日内将该等收益划入甲方指定的银行账户。

甲方指定账户信息如下。

开户名：

开户行：

银行账号：

4. 乙方应统一行使甲方委托的出资权利，不得将该等出资分割为若干部分委派一个以上的代理人分别行使。

第五条　承诺与声明

1. 甲方声明，其合法拥有的_____出资，在本协议签署之日该等出资未委托他人行使，亦无任何质押、冻结等限制出资行使的情形。

2. 乙方承诺，将根据法律及本协议的有关规定，行使有关出资权利，维护该出资权益，对其权益的安全完整负责。

第六条 保密条款

协议双方对本协议履行过程中所接触或获知的对方的任何商业信息均有保密义务，除非有明显的证据证明该等信息属于公知信息或者事先得到对方的书面授权。该等保密义务在本协议终止后仍然继续有效。任一方因违反该等义务而给对方造成损失的，均应当赔偿对方的相应损失。

第七条 协议的变更或终止

1. 有下列情形之一时，本协议将予以变更或终止：

(1)甲乙双方协商一致时；

(2)本协议约定的出资托管期限届满时；

(3)因不可抗力致使本协议无法履行时。

2. 若乙方的行为严重损害该等出资权益，且拒不纠正时，甲方可依法解除本协议。

第八条 违约责任

任何一方违反其在本协议项下的任何责任与义务，即构成违约。违约方应向守约方全面、足额地承担实际损失的赔偿责任。

第九条 争议的解决

1. 凡因本协议发生的一切争议或与本协议有关的一切争议，双方应友好协商解决。如果协商解决不成，任何一方均可向甲方所在地人民法院提起诉讼。

2. 诉讼进行期间，除涉讼的争议事项或义务外，双方均应继续履行本协议规定的其他各项义务。

第十条 附则

1. 本协议未尽事宜，由甲乙双方另行协商解决，或依国家有关规定执行。

2. 本协议一式二份，甲乙双方各执一份，均具有同等法律效力。

甲方(委托方)：　　　　　　　　　　　乙方(受委托方)：

_____年_____月_____日　　　　　　　_____年_____月_____日